Estoicismo para Adultos con TDAH © 2026 – Katherine Sullivan

ISBN: 978-91-89876-70-5

ESTOICISMO PARA ADULTOS CON TDAH

Katherine Sullivan

CAPÍTULO 1

Marco Aurelio probablemente tenía TDAH

Y lo que su cuaderno privado revela sobre la mente con TDAH

Hablamos de un hombre que gobernaba el imperio más poderoso del mundo.

Tenía acceso a los mejores tutores, a la filosofía más sofisticada, y posiblemente más poder que cualquier otro ser humano vivo en su época.

Y sin embargo, cada mañana, tenía que recordarse a sí mismo que tenía que levantarse.

> *"Al amanecer, cuando te cueste levantarte, dite esto: tengo que ponerme a trabajar, como ser humano. ¿De qué me quejo, si voy a hacer aquello para lo que nací?"*
> **— Marco Aurelio, Meditaciones**

Fíjate en lo que está haciendo. No está inspirándose. Está discutiendo consigo mismo. Está casi irritado consigo mismo. Esa fricción interna, esa brecha entre saber lo que hay que hacer y realmente empezar a hacerlo, es uno de los rasgos más reconocibles de la experiencia con TDAH.

Las Meditaciones nunca fueron escritas para publicarse. Eran notas privadas, apuntadas durante campañas militares. Recordatorios. Argumentos. Repetidos una y otra vez, como si escribirlos una sola vez no fuera suficiente.

¿Te suena de algo?

El cuaderno que nadie debía leer

El título Meditaciones es un poco engañoso. En griego, Marco Aurelio llamaba a sus notas Ta Eis Heauton, que vendría a significar algo así como Cosas para uno mismo. Es un diario de autocorrecciones.

Vuelve una y otra vez a las mismas ideas. No pierdas el tiempo. No pierdas el foco. No te dejes arrastrar por los dramas ajenos. Presta atención. Recuerda lo que importa. Levántate. Trabaja. No te disperses.

Para la mayoría de la gente, leer esto parece filosofía. Para las personas con TDAH, puede sentirse como si alguien hubiera leído tu diario.

Nota sobre el TDAH

La disfunción ejecutiva es el término clínico para esa brecha entre la intención y la acción. No es un defecto de carácter. Es una característica neurológica. Marco Aurelio la describió en el siglo II. La neurociencia le puso nombre en el siglo XX.

Lo que el registro histórico sugiere

No podemos diagnosticar a alguien que murió hace mil ochocientos años. Cualquier persona honesta te dirá lo mismo.

Pero podemos mirar lo que escribió y preguntarnos: ¿este patrón me resulta familiar?

Esto es lo que sabemos de Marco Aurelio a partir de las fuentes históricas:

- Le costaba enormemente no procrastinar en tareas que le resultaban tediosas, especialmente las administrativas.
- Tenía períodos de hiperfoco intenso, sobre todo cuando estudiaba filosofía.
- Escribió repetidamente sobre la necesidad de gestionar su atención, como si eso requiriera un andamiaje externo constante.
- Fue descrito como emocionalmente intenso, compasivo hasta el punto de sentirse a veces desbordado.
- Las mañanas le resultaron difíciles durante toda su vida.
- Necesitaba escribir las cosas para que le parecieran reales.

Nada de esto demuestra nada. Pero aquí está la parte interesante: que Marco Aurelio tuviera o no TDAH no cambia nada para nuestros propósitos.

Lo que importa es que una persona capaz de comprender la mente humana con suficiente profundidad como para escribir uno de los grandes textos filosóficos de la historia era también alguien que tenía que trabajar, cada día, con una mente que no cooperaba sin más.

No escribía desde un lugar de sabiduría serena y centrada. Escribía desde la lucha.

Por eso esta filosofía funciona para ti.

El problema con la forma en que se enseña el estoicismo hoy

Si has oído hablar del estoicismo antes, es posible que te imagines a un hombre trajeado hablando de ducharse con agua fría, de disciplina y de no quejarse nunca. O quizá te imagines una estatua de mármol: serena, impasible, por encima de todo.

Ninguna de las dos cosas es estoicismo. Y ambas son activamente inútiles para las personas con TDAH.

El gurú estoico moderno tiende a presentar el estoicismo como un sistema para producir más, aguantar más incomodidad y sentir menos. Ese enfoque es históricamente incorrecto y, francamente, agotador.

El estoicismo real, el que practicaron Marco Aurelio, Epicteto y Séneca, va de algo mucho más interesante.

Va de aprender a trabajar con la naturaleza que realmente tienes, no con la naturaleza idealizada que desearías tener.

> *"Tienes poder sobre tu mente, no sobre los acontecimientos externos. Date cuenta de ello y encontrarás fuerza."*
> **— Marco Aurelio, Meditaciones**

Para la mayoría de la gente esta cita habla de no dejarse afectar por los contratiempos. Para alguien con TDAH habla de algo más fundamental: reconocer que tu mente es lo único con lo que realmente puedes trabajar. Tu entorno, tus impulsos, las expectativas de los demás: eso no siempre está en tu mano.

Ese cambio de perspectiva por sí solo puede quitarte un peso enorme de encima.

Lo que este libro es y lo que no es

Este no es un libro que te diga que el estoicismo va a curar tu TDAH. No va a hacerlo. El TDAH es una diferencia neurológica, no un problema filosófico.

Tampoco es un libro que te pida que reprimas lo que sientes, que tires hacia adelante sin apoyo, o que simplemente te esfuerces más.

Lo que este libro ofrece es un conjunto de ideas y de prácticas pequeñas, específicamente útiles para el tipo de mente que piensa a ráfagas, siente todo con intensidad, pierde la noción del tiempo y luego, de repente, produce algo extraordinario.

Los estoicos no eran neurocientíficos. Pero eran muy buenos observadores de la mente humana. Y algunas de sus observaciones encajan de manera sorprendente con la experiencia del TDAH.

Vamos a repasar sus ideas una a una. Conectaremos cada una con lo que la neurociencia moderna nos dice sobre el cerebro con TDAH. Y al final de cada capítulo encontrarás un ejercicio breve y práctico. Nada que lleve más de dos minutos. Nada que te exija ser alguien distinto a quien eres.

Solo herramientas. Para tu tipo de mente.

TU PRÁCTICA

Ejercicios estoicos de 2 minutos

Práctica 1.1: La carta de Marco Aurelio (2 minutos)

Marco Aurelio se escribía a sí mismo. Constantemente. Así era como mantenía su mente orientada.

Esta noche, antes de dormir o al terminar el día, escribe tres frases. Solo eso. Puedes hacerlo en papel, en el móvil, donde quieras.

1. Una cosa que haya hecho hoy de verdad, por pequeña que sea.
2. Un momento en que me he dado cuenta de que mi mente me llevaba a un sitio que no me convenía.
3. Una cosa que quiero recordar mañana.

Y ya está. No hace falta llevar un diario. No hace falta una sesión de reflexión. Tres frases.

Marco Aurelio lo hizo durante décadas. No porque le saliera de forma natural. Precisamente porque no le salía.

Práctica 1.2: El argumento matutino (30 segundos)

Cuando te cueste levantarte, prueba con el propio guion de Marco Aurelio. En voz alta o para tus adentros:

> **Di esto**
>
> Voy a hacer lo que estoy aquí para hacer. No tiene que ser fácil. Solo tiene que ocurrir.

No es motivador. No es inspirador. Es una simple constatación de los hechos. Exactamente como lo usaba Marco Aurelio.

Si te parece ridículo tomar prestadas las palabras de un emperador romano, recuerda: él también se las decía a sí mismo en una tienda de campaña vacía a las cinco de la mañana, intentando convencerse de levantarse. Estás en buena compañía.

CAPÍTULO 2

Lo que el estoicismo NO es

Despejar el terreno antes de construir algo útil

Antes de continuar, necesitamos tener una conversación honesta sobre lo que el estoicismo no es.

Porque hay una versión del estoicismo que circula ahora mismo, sobre todo en internet, que sería activamente dañina para las personas con TDAH. Y si esa es la versión con la que te has topado, tiene todo el sentido del mundo que seas escéptico.

Vamos a repasar los mitos principales uno a uno.

Mito 1: El estoicismo significa reprimir las emociones

Este es el malentendido más común y también el más dañino.

Los estoicos no te pedían que dejaras de sentir. No intentaban fabricar robots. Epicteto lloraba cuando sus alumnos se marchaban. Marco Aurelio escribió sobre el duelo. Y Séneca, posiblemente el más humano de todos ellos, escribió extensamente sobre cómo funcionan las emociones y por qué intentar reprimirlas es tan ineficaz como deshonesto.

> *"No es que no sienta estas cosas. Es que no dejo que el sentimiento tome la decisión."*

> — **Séneca, Cartas a Lucilio**

Eso es una propuesta completamente distinta. No se trata de reprimir. Se trata de crear un pequeño espacio entre lo que sientes y lo que haces a continuación.

Para las personas con TDAH, ese espacio es precisamente el reto. Las respuestas emocionales tienden a llegar rápidas y con mucha intensidad. La amígdala, el sistema de alarma del cerebro, se activa con más facilidad y más fuerza en los cerebros con TDAH. Los estoicos no te pedían que silenciaras la alarma. Te pedían que no salieras corriendo por la puerta cada vez que sonaba.

Esa habilidad tiene un nombre en la psicología moderna: regulación emocional. Los estoicos la llamaban trabajar con las impresiones. El mecanismo es el mismo. Le dedicaremos todo un capítulo.

> **Nota sobre el TDAH**
> La desregulación emocional es una de las características más infradiagnosticadas del TDAH en adultos. No aparece en los criterios oficiales del DSM, que es una de las razones por las que tantos adultos no reciben un diagnóstico. Pero la investigación muestra de manera consistente que es uno de los aspectos más limitantes de la condición.

Mito 2: El estoicismo va de disciplina y productividad

Si has visto el estoicismo vendido como filosofía para alto

rendimiento, atletas de élite o emprendedores de Silicon Valley que se levantan a las cuatro de la mañana, lo que has visto es una mercancía que tiene poco que ver con el original.

Los estoicos originales no eran gurús de la productividad. Marco Aurelio era famoso por su falta de interés en la fama o el legado. Epicteto fue un esclavo que no tenía prácticamente nada y que se consideraba a sí mismo uno de los hombres más libres. Y Séneca escribió un célebre ensayo en el que argumentaba que el ajetreo en sí mismo, la búsqueda constante de más, era una especie de enfermedad del espíritu.

> *"No es que tenga demasiado que hacer. Es que me falta claridad sobre para qué estoy aquí."*
> **— Séneca, Sobre la brevedad de la vida**

El estoicismo va de claridad de valores, no de rendimiento. Esa distinción importa enormemente cuando hablamos de TDAH.

El TDAH ya viene con su propio relato de productividad incorporado. Deberías hacer más. Deberías estar al día. Deberías ser tan organizado como esa otra persona. Añadir encima una capa de estoicismo productivista no ayuda. Apila expectativas sobre la vergüenza que ya existe.

El estoicismo de este libro no va de hacer más. Va de saber por qué haces lo que haces.

Mito 3: El estoicismo va de endurecerse

Hay una corriente hipermasculina en el contenido estoico moderno que tiene muy poco que ver con la filosofía original.

Los estoicos reales estaban interesados en la autocompasión, aunque no usaran esa palabra. Marco Aurelio escribió explícitamente sobre el peligro de ser demasiado duro con uno mismo. Séneca argumentaba que tratarse con dureza no era virtud sino una forma de orgullo disfrazado.

Y en términos prácticos: para las personas con TDAH, la autocrítica ya está haciendo un daño serio.

La investigación del doctor Ned Hallowell y otros especialistas que han trabajado extensamente con poblaciones con TDAH sugiere que para cuando la mayoría llega a la edad adulta, ha recibido aproximadamente veinte mil comentarios críticos más que sus pares sin TDAH. Veinte mil correcciones más. Redireccionamientos. Suspiros. Decepciones.

El crítico interno que resulta de todo eso no es suave. Es constante, demoledor y a menudo completamente desproporcionado.

Un estoicismo que te dice simplemente que seas más duro no te está ofreciendo filosofía. Te está ofreciendo más de lo mismo que ya te ha hecho daño.

Eso no es lo que encontrarás en este libro.

Lo que SÍ hacemos aquí

Usamos ideas estoicas, seleccionadas con cuidado, para construir aceptación de cómo funciona tu mente. No resignación. Aceptación. Hay una diferencia importante, y volveremos a ella a lo largo del libro.

Mito 4: El estoicismo requiere sesiones largas de práctica concentrada

Este casi tiene gracia, dado el público al que va dirigido.

La práctica estoica real estaba integrada en la vida cotidiana. Marco Aurelio escribía en ráfagas cortas durante campañas militares. Epicteto enseñaba en conversación. Séneca escribía cartas. Ninguno de ellos pasaba días enteros en retiros de silencio.

Las prácticas de este libro son breves. Deliberada y descaradamente breves. Dos minutos o menos. Están diseñadas para un cerebro que no sostiene la atención a demanda de forma fiable, que prospera con la novedad y que necesita variedad en la manera de relacionarse con las ideas.

Eso no es una concesión. Es en realidad más fiel a cómo practicaban los estoicos que las largas sesiones de meditación que la gente a veces imagina.

Entonces, ¿qué ES el estoicismo de verdad?

En esencia, el estoicismo es una filosofía práctica construida en torno a una sola idea: algunas cosas dependen de ti y otras no. Tu trabajo consiste en distinguir cuáles son cuáles y dirigir tu energía en consecuencia.

Eso es todo. Lo demás es desarrollo de esa idea.

Para las personas con TDAH, esta idea llega de una manera distinta que para los demás. Tu atención, tus emociones, tus impulsos no siempre cooperan con tus intenciones. El cerebro con TDAH no es un cerebro neurotípico estropeado. Es un tipo de cerebro diferente, con sus propias características, sus propias fortalezas y sus propios retos.

El estoicismo no te pide que anules esas características. Te pide que entiendas qué puedes y qué no puedes cambiar, y que construyas tu vida desde esa evaluación honesta.

Esa es, de verdad, una idea más radical y más compasiva que cualquier cosa que encontrarás en el mundo estoico de la productividad.

Una nota sobre quiénes eran los estoicos

Antes de cerrar este capítulo, una presentación rápida de las personas con las que vamos a pasar tiempo:

- Marco Aurelio (121-180 d. C.): emperador romano, figura pública a su pesar, filósofo en privado. Sus Meditaciones son el libro al que más volveremos.
- Epicteto (50-135 d. C.): nacido en la esclavitud, se convirtió en uno de los filósofos más influyentes de la historia. Sus Discursos y el Enquiridión son compactos, a veces bruscos, siempre prácticos.
- Séneca (4 a. C.-65 d. C.): dramaturgo, político y el más humano de los tres. Sus Cartas son personales, contradictorias y a menudo sorprendentemente graciosas. También es quien escribió de forma más extensa sobre las emociones.

No necesitas haber leído nada de ellos para usar este libro. Tomaremos lo que sea útil, dejaremos lo que no lo sea, y conectaremos todo siempre con lo que el cerebro con TDAH realmente necesita.

TU PRÁCTICA
Ejercicios estoicos de 2 minutos

Práctica 2.1: La comprobación del mito (1 minuto)

Antes de seguir leyendo, toma un momento para darte cuenta de lo que creías sobre el estoicismo antes de leer este capítulo.

Elige la afirmación que más se acercaba a tu idea previa:

- El estoicismo significa no dejarse afectar por las cosas.
- El estoicismo es para gente disciplinada y de alto rendimiento.
- El estoicismo es frío, intelectual y distante.
- No tenía ni idea de lo que era.

Apunta cuál elegiste. Luego escribe una frase: ¿qué tendría que ser verdad para que el estoicismo me resultara realmente útil?

Guarda esa frase donde puedas encontrarla. Volveremos a ella al final del libro.

Práctica 2.2: Detecta el mito en el día a día

Esta semana, cada vez que veas el estoicismo mencionado, en internet, en el título de un libro, en una cita, observa qué versión es.

¿Es la versión del endurecimiento? ¿La de la productividad? ¿La de la represión?

¿O es algo más cercano a lo que hemos descrito aquí: trabajar con lo que realmente tienes, entender qué está y qué no está en tu mano, construir una vida desde valores honestos?

No tienes que hacer nada con esto. Solo observar. Observar es donde empieza la práctica estoica.

CAPÍTULO 3

Tu cerebro no está roto. Funciona de otra manera

Lo que dice la neurociencia y por qué importa antes de seguir adelante

---

Antes de entrar en la filosofía estoica, necesitamos pasar un rato con tu cerebro.

No para arreglarlo. No para analizar todo lo que es difícil. Sino porque no puedes trabajar de verdad con algo que no entiendes. Y para muchas personas con TDAH, especialmente las que recibieron un diagnóstico tardío, el modelo mental que tienen de su propio cerebro sigue siendo el que les pusieron encima en la infancia.

Que viene a ser algo así: eres listo pero vago, solo tienes que esforzarte más, y algo falla en ti.

Nada de eso es correcto. Volvamos a empezar.

Qué es el TDAH de verdad

El TDAH, Trastorno por Déficit de Atención e Hiperactividad, es una condición del neurodesarrollo que afecta a entre el ocho y el diez por ciento de los niños y al cuatro o cinco por ciento de los adultos en todo el mundo. Es una de las condiciones más investigadas de toda la psiquiatría.

El nombre es realmente malo, porque da a entender que hay un déficit de atención. No lo hay. Las personas con TDAH pueden concentrarse intensamente durante horas en cosas que les interesan o que les resultan urgentes. Lo que ocurre en realidad es más interesante que un simple déficit.

El cerebro con TDAH tiene dificultades para regular la atención. Para dirigirla de manera fiable hacia cosas que no son intrínsecamente motivadoras o novedosas. No para generar atención, sino para desplegarla a voluntad.

La distinción clave

No es que no puedas concentrarte. Es que el sistema de atención de tu cerebro funciona con un combustible diferente. Los cerebros neurotípicos pueden activar la atención basándose solo en la intención. Los cerebros con TDAH necesitan interés, novedad, urgencia o desafío para funcionar de manera fiable.

La dopamina y el cerebro con TDAH

El mecanismo central tiene que ver con la dopamina, y vale la pena entenderlo aunque sea a grandes rasgos.

La dopamina es un neurotransmisor implicado en la motivación, la recompensa y la atención. En los cerebros con TDAH, la señalización de dopamina funciona de otra manera. Típicamente hay menos dopamina tónica, ese nivel de fondo estable que hace que las tareas rutinarias sean manejables, y una respuesta fásica más dramática ante situaciones de alta estimulación.

Esto explica varias cosas que quizá te hayan desconcertado sobre ti mismo:

- Por qué puedes concentrarte durante seis horas en algo interesante pero no puedes hacer quince minutos de tareas administrativas.
- Por qué los plazos de entrega desbloquean de repente tu capacidad de funcionar.
- Por qué necesitas música, ruido de fondo o movimiento para concentrarte.
- Por qué los proyectos nuevos se sienten electrizantes y los que ya llevan un tiempo parecen un camino enfangado.
- Por qué sigues buscando novedad aunque conozcas las consecuencias.

Nada de esto es un defecto de carácter. Es la expresión conductual de un cerebro con un perfil de dopamina particular.

> *"No estamos ante un déficit de atención sino ante una inconsistencia en el acceso a ella."*
> **— Dr. Russell Barkley, psicólogo clínico e investigador líder en TDAH**

Las funciones ejecutivas: las cinco áreas que el TDAH afecta

Las funciones ejecutivas son los procesos cognitivos que gestionan el comportamiento orientado a metas. Piensa en ellas como la capa de gestión de tu cerebro. El TDAH las afecta específicamente.

Las cinco más relevantes para la vida cotidiana son:

- Memoria de trabajo: mantener información en la mente mientras se usa. Por eso entras en una habitación y olvidas para qué ibas, o pierdes el hilo de una conversación.

- Inhibición: la capacidad de hacer una pausa antes de actuar o hablar. Lo que parece impulsividad es en realidad, con más precisión, un retraso en la señal de freno.
- Regulación emocional: la capacidad de modular la intensidad de las respuestas emocionales. El TDAH no te hace más emocional, hace que la experiencia de la emoción sea más inmediata y más difícil de amortiguar.
- Percepción del tiempo: sentir cuánto duran las cosas y cuánto tiempo ha pasado. La experiencia del tiempo con TDAH se describe a menudo como tener solo dos modos: ahora y no ahora.
- Planificación y priorización: dividir las tareas en secuencias y decidir por dónde empezar. Aquí es donde vive la parálisis.

Volveremos a todas estas a lo largo del libro, porque cada una tiene un concepto estoico que encaja con ella de manera útil.

Esto es importante

Saber qué función ejecutiva está fallando en un momento dado lo cambia todo. Significa que puedes responder de manera específica en lugar de sentirte simplemente desbordado en general. Construiremos esa habilidad capítulo a capítulo.

El problema de la vergüenza acumulada

Hay algo que rara vez se menciona en los libros sobre TDAH y que necesita decirse claramente.

Para cuando la mayoría de las personas con TDAH llegan a la edad adulta, sobre todo las que recibieron un diagnóstico tardío o ninguno, han acumulado una cantidad enorme de vergüenza.

No porque hayan fracasado. Sino porque tuvieron éxito y aun así no fue suficiente. Porque se esforzaron más que nadie a su alrededor y recibieron las mismas críticas. Porque desarrollaron sistemas elaborados y luego se olvidaron de usarlos. Porque prometieron cosas y no pudieron cumplirlas, no porque no les importara, sino porque su cerebro no podía traducir de manera fiable el que me importa en que lo hago.

Esa acumulación no se anuncia como vergüenza. Se disfraza de:

- Evitar tareas de las que realmente serían capaces.
- No empezar cosas por miedo a no terminarlas.
- Decir que sí cuando quieren decir quizá, porque admitir la incertidumbre se siente peligroso.
- Sentirse un fraude cuando las cosas salen bien.
- Esperar críticas incluso cuando no están llegando.

El estoicismo no cura esto. Pero ofrece algo importante: un Marco Aurelio que parte de la aceptación de la realidad en lugar de partir de la brecha entre quién eres y quién deberías ser.

Los estoicos tenían muy claro que no puedes trabajar desde una imagen falsa de tu situación. Tienes que partir de lo que es verdad de verdad.

Y lo que es verdad de verdad es que tu cerebro no está roto. Funciona de otra manera. Algunos entornos nunca van a funcionar bien con él. Algunas tareas siempre te van a costar más que a otros. Eso es real, y merece ser reconocido como real.

También significa que muchas de las estrategias, sistemas y

consejos que has recibido en tu vida no estaban diseñados para tu cerebro. Por supuesto que no funcionaron. No estaban hechos para ti.

Este libro sí.

Cómo es el TDAH cuando trabaja contigo

Hemos dedicado este capítulo a las dificultades, porque necesitas un mapa preciso. Pero ningún capítulo honesto sobre el cerebro con TDAH termina sin reconocer el otro lado.

Las mismas características neurológicas que hacen que ciertas tareas sean desproporcionadamente difíciles también producen cosas genuinamente valiosas:

- Reconocimiento de patrones que ocurre más rápido que el pensamiento deliberado.
- Saltos creativos que se saltan los pasos en los que otros se quedan atascados.
- Empatía intensa y sintonización emocional.
- Hiperfoco que, cuando cae sobre lo correcto, produce un trabajo extraordinario.
- Una búsqueda genuina de novedad que impulsa la innovación.
- Una tendencia a preguntar por qué que irrita a las burocracias y hace avanzar el conocimiento.

Los estoicos dirían: esta es tu naturaleza. Trabaja con ella, no contra ella. Construye una vida que se ajuste a ella en lugar de una que exija que seas otra persona.

Eso es exactamente lo que vamos a hacer.

TU PRÁCTICA
Ejercicios estoicos de 2 minutos

Práctica 3.1: Nombra la función ejecutiva (continúa, 1 minuto cada vez)

Esta semana, cuando notes que algo te cuesta, intenta nombrar qué función ejecutiva está implicada. Sé específico.

En lugar de

Soy un desastre con esto. Prueba con: mi memoria de trabajo está fallando ahora mismo. Mi sistema de inhibición está desconectado. Mi percepción del tiempo se ha ido al traste.

No se trata de excusarte. Se trata de ser preciso. No puedes resolver un problema vago. Sí puedes trabajar con uno concreto.

Al final de cada día esta semana, apunta un momento específico y qué función ejecutiva estuvo implicada. Solo uno. Sesenta segundos.

Práctica 3.2: El espejo honesto (2 minutos)

Escribe dos listas. Sé honesto con las dos.

Cosas que me cuestan más que a la mayoría de la gente:

4. (tu propia entrada)
5. (tu propia entrada)

6. (tu propia entrada)

Cosas que hago bien y que vienen de cómo funciona mi cerebro:

7. (tu propia entrada)
8. (tu propia entrada)
9. (tu propia entrada)

Los estoicos llamaban a esto conocerse a uno mismo con precisión. No el yo idealizado, no el yo criticado. El real.

Esta lista no es una evaluación de rendimiento. Es un mapa. Lo necesitarás para todo lo que viene después.

Práctica 3.3: La tarjeta del reencuadre (ponla donde la veas)

Escribe esto y ponlo en algún lugar donde lo veas habitualmente. En el móvil. En un post-it. En el espejo del baño.

> **Cuando me cueste algo, me digo:**
>
> Esto no es un defecto de carácter. Es una función ejecutiva específica bajo tensión. Puedo trabajar con esto.

No en lugar de buscar ayuda. No como sustituto de estrategias. Sino como punto de partida: preciso, amable y honesto.

Ahí es donde empieza la práctica estoica.

CAPÍTULO 4

La única idea estoica que realmente necesitas

La dicotomía del control y por qué resuena de otra manera cuando tienes TDAH

Si solo te quedas con una idea de todo este libro, que sea esta.

Los estoicos construyeron toda su filosofía sobre una sola distinción. Todo en su sistema, cada práctica, cada consejo, cada observación sobre el sufrimiento humano, fluye de este único pensamiento.

Algunas cosas dependen de ti. Otras, no.

Eso es todo. El resto son detalles.

Epicteto, que escribió sobre esto con más directidad que nadie, empezó su obra más famosa, el Enquiridión, con esta idea. No como calentamiento. Como la cuestión central.

> *"Algunas cosas están en nuestra mano y otras no. En nuestra mano están la opinión, el impulso, el deseo, la aversión, y en una palabra, todo lo que es acción propia nuestra. No están en nuestra mano el cuerpo, la reputación, los cargos, y en una palabra, todo lo que no es acción propia nuestra."*
> **— Epicteto, Enquiridión**

Lee de nuevo esa lista. El cuerpo. La reputación. Lo que piensan los demás. Los resultados de tus esfuerzos. Nada de eso está en tu mano, según Epicteto.

Solo tus propias respuestas, juicios y elecciones son tuyas.

Para la mayoría de la gente esto es un recordatorio filosófico útil. Para las personas con TDAH puede ser algo más parecido a un salvavidas.

Por qué esto cala diferente con el TDAH

Aquí está la cuestión sobre crecer con TDAH, sobre todo sin diagnóstico: pasas años creyendo que las cosas que no estaban en tu mano son tu culpa.

Pierdes cosas. Llegas tarde. Extravías objetos. No terminas lo que empiezas. Reaccionas con demasiada intensidad. Cometes el mismo error dos veces, tres, de nuevo, aunque de verdad no querías.

Y el mensaje que recibes, del colegio, de la familia, de tu propio crítico interno, es que esto es un problema de carácter. De motivación. De no esforzarse suficiente.

No lo es. Y la dicotomía del control te da un Marco Aurelio para ser preciso sobre por qué.

El mapa honesto

Lo que genuinamente depende de ti: cómo respondes a las dificultades, los sistemas que pones en marcha, si pides ayuda, cómo te hablas a ti mismo después de un error, los valores desde los que eliges actuar. Lo que no depende del todo de ti: si tu atención coopera a voluntad, cómo procesa el tiempo tu cerebro, cómo llegan tus emociones, las reacciones de los demás ante tu TDAH.

Esa segunda lista no es una excusa. Es un hecho. Y los hechos son el punto de partida del trabajo útil.

En cuanto dejas de gastar energía culpándote por cosas que nunca estuvieron plenamente en tu mano, tienes más energía disponible para las que sí lo están.

La trampa: usar el control como excusa

Antes de continuar, una advertencia necesaria. La dicotomía del control no es un permiso para dejar de intentarlo.

Epicteto era lo más alejado de lo pasivo que puedas imaginar. Fue un antiguo esclavo que construyó una escuela de filosofía. Era implacablemente exigente con sus alumnos, y consigo mismo.

El objetivo de distinguir lo que está y lo que no está en tu mano no es rendirse ante lo que está fuera de ella. Es dejar de medirte a partir de esas cosas, y redirigir tu energía hacia lo que realmente puedes influir.

No puedes controlar si tu cerebro inicia una tarea con facilidad. Sí puedes controlar si diseñas tu entorno para bajar el umbral de comienzo. Esa es una distinción que vale la pena.

No puedes controlar la intensidad emocional que llega cuando estás desbordado. Pero puedes controlar, con el tiempo y con práctica, con qué rapidez respondes a ella.

El objetivo es precisión, no pasividad.

La versión TDAH de esta práctica

La mayoría de las personas que se encuentran con la dicotomía del control la aplican a grandes cosas. Problemas de carrera. Dificultades en las relaciones. Preocupaciones de salud.

Para el TDAH, la aplicación más útil es granular y cotidiana. Porque la experiencia con TDAH incluye docenas de momentos pequeños cada día en los que la línea entre lo que está y no está en tu mano se vuelve borrosa.

Pierdes las llaves. Es culpa tuya en parte, porque no las dejaste en su sitio. Pero también en parte no, porque los retos de memoria de trabajo del TDAH hacen que la automatización de hábitos sea genuinamente más difícil que para otras personas.

Ambas cosas pueden ser verdad a la vez. No eres una víctima de tu cerebro. Y tu cerebro también hace que ciertas cosas sean más difíciles. El movimiento estoico es sostener las dos simultáneamente y preguntar: dada esta realidad, ¿cuál es la única cosa que puedo hacer ahora mismo?

> *"Haz el mejor uso de lo que está en tu poder y toma el resto como es."*
> **— Epicteto, Enquiridión**

Esa es la instrucción completa. Haz el mejor uso de lo que está en tu poder. No de lo que desearías que estuviera en tu poder. No de lo que debería estar si fueras otro tipo de persona. Lo que realmente está.

Una nota sobre el esfuerzo y la injusticia

Las personas con TDAH suelen gastar más esfuerzo que quienes les rodean para conseguir los mismos resultados. Una tarea que a un compañero neurotípico le lleva treinta minutos puede llevarte dos horas, con todo el coste emocional que eso conlleva.

Eso no es justo. Y el estoicismo no pretende lo contrario. Los estoicos tenían los ojos bien abiertos ante el hecho de que la vida distribuye las ventajas de manera desigual. Lo que ofrecían no era consuelo sino utilidad: dadas las cartas que te han tocado, ¿cuál es el movimiento más sabio?

La dicotomía del control no te dice que todo está bien. Te dice dónde poner la atención para que las cosas puedan ir mejorando.

Eso es un tipo de ayuda más honesta que la que ofrece la mayoría de los libros.

TU PRÁCTICA
Ejercicios estoicos de 2 minutos

Práctica 4.1: La clasificación en dos columnas (2 minutos)

Cuando algo te esté preocupando hoy, escríbelo en la parte superior de una hoja. Luego traza una línea por el centro.

Columna izquierda: lo que no depende de mí en esto.

Columna derecha: lo que sí depende de mí en esto.

Sé honesto con las dos. La columna izquierda no es una excusa. La derecha no es una exigencia. Es solo un mapa.

Hazlo una vez al día durante una semana. No para todos los problemas. Solo una cosa, cada día. El hábito de clasificar vale más que cualquier clasificación concreta.

Práctica 4.2: La pausa granular (30 segundos, cuando lo necesites)

Cuando te pilles en una espiral, ya sea autocrítica, frustración o ansiedad, prueba con una sola pregunta:

> **Pregúntate**
>
> ¿Lo que me perturba es algo que puedo cambiar ahora mismo, o estoy gastando energía en algo que nunca estuvo en mi mano?

No necesitas responderte perfectamente. La pausa sola interrumpe la espiral.

Epicteto llamaba a esto comprobar tus impresiones. No estás reprimiendo el sentimiento. Estás preguntando si la historia que lo acompaña es precisa.

Práctica 4.3: El reencuadre del esfuerzo

Cuando te sorprendas comparando tu rendimiento con el de alguien más, prueba esta sustitución:

En lugar de: ellos lo hicieron más rápido y con más facilidad, así que yo estoy fallando.

Prueba con: ellos tienen un punto de partida diferente. Mi trabajo es hacer lo que pueda desde el mío.

Eso no es bajar el listón. Es poner el listón correcto. El que realmente es tuyo.

CAPÍTULO 5

El piloto distraído

El hegemonikon, el control ejecutivo y la parte de ti que sigue intentándolo

---

Los estoicos creían que en el interior de cada mente humana había algo que llamaban el hegemonikon.

La palabra es griega. Significa la parte rectora o la facultad dirigente. Piensa en ella como el piloto de la mente. La parte que observa, evalúa, toma decisiones y dirige la acción.

No las emociones. No los impulsos. No los hábitos. La parte que los observa a todos y, en teoría, gobierna.

En teoría.

Un piloto con la cabina muy ruidosa

Para las personas con TDAH, el hegemonikon, o como queramos llamar a esa facultad ejecutiva, está presente y funciona. No falta. No ha sido reemplazado por algo peor.

Pero trabaja en condiciones que dificultan el trabajo enormemente.

Imagina a un piloto competente, formado y que genuinamente quiere hacer bien su trabajo. Pero su cabina es mucho más ruidosa que la de los demás. Los instrumentos parpadean. Algunas alertas se activan de manera aleatoria. Llegan el doble de señales que en una cabina estándar, y no hay forma fiable de silenciar las irrelevantes.

Ese piloto no es incompetente. Está lidiando con unas condiciones distintas a las de los pilotos que le rodean.

Esa es la experiencia del TDAH con las funciones ejecutivas.

Lo que añade la neurociencia

La corteza prefrontal, la región del cerebro más asociada con el control ejecutivo, la inhibición y la planificación, se desarrolla más lentamente en los cerebros con TDAH y funciona con una señalización de dopamina menos consistente. Eso no significa que no pueda funcionar. Significa que necesita un andamiaje externo más deliberado para funcionar de manera fiable.

Lo que hace el hegemonikon en realidad

Para los estoicos, el hegemonikon tenía un trabajo principal: evaluar las impresiones.

Una impresión, en términos estoicos, es cualquier cosa que llega a tu mente. Un pensamiento. Una emoción. Un impulso. Una percepción. El papel del hegemonikon es recibirlas, examinarlas y decidir cómo responder.

Ese proceso es, en psicología moderna, lo que llamamos control inhibitorio: la capacidad de hacer una pausa entre el estímulo y la respuesta.

Esta es la función ejecutiva que el TDAH afecta de manera más directa.

Y aquí es donde el estoicismo se vuelve no solo filosóficamente interesante sino prácticamente útil. Porque los estoicos pasaron siglos desarrollando técnicas para fortalecer exactamente esta capacidad.

No a través de la fuerza de voluntad. A través de la práctica. Una práctica específica, repetible y a pequeña escala.

El observador siempre está ahí

Hay algo importante que se pierde a menudo en las descripciones del TDAH: el yo observador está intacto.

La mayoría de las personas con TDAH pueden describir, con precisión y a veces con un dolor notable, exactamente lo que estaban haciendo cuando se distrajeron, por qué no empezaron la tarea, cómo fue la espiral mientras ocurría. La conciencia de uno mismo está ahí.

Lo que falta no es conciencia. Es la conexión fiable entre la conciencia y la acción.

Los estoicos dirían: tu hegemonikon funciona. Tu capacidad de observar, de juzgar, de querer hacerlo mejor, todo eso es funcional. El reto es construir los hábitos y las estructuras que le ayuden a actuar sobre lo que ve.

Esa es una descripción del TDAH mucho más precisa y mucho más esperanzadora que el relato habitual de déficit y fracaso.

> *"Tienes poder sobre tu mente, no sobre los acontecimientos externos. Date cuenta de ello y encontrarás fuerza."*
> **— Marco Aurelio, Meditaciones**

El poder del que habla Marco Aurelio no es el poder de hacer que tu cerebro coopere a voluntad. Es el poder de seguir volviendo al intento. De notar cuando te has dispersado, y regresar. De intentarlo de nuevo después del décimo fallo con el mismo compromiso que después del primero.

Esa capacidad, la de seguir volviendo, es algo que los cerebros con TDAH suelen tener en abundancia. Desde fuera parece tozudez. Desde dentro se parece más a una especie de fe en el intento.

Construir los instrumentos del piloto

Los estoicos eran muy prácticos al respecto. No creían que el hegemonikon se fortaleciera solo con buenas intenciones. Creían que requería ejercicio diario.

Sus ejercicios eran pequeños y constantes. Una revisión matutina de lo que les esperaba. Una reflexión vespertina sobre lo que había ido bien y lo que no. La práctica de notar, en tiempo real, cuando habían aceptado una impresión sin examinarla.

Para los cerebros con TDAH, estas prácticas necesitan adaptación. No porque las ideas sean incorrectas, sino porque el sistema de entrega importa enormemente. Una práctica que requiere veinte minutos de concentración tranquila fracasará. Una que lleva dos minutos y se puede hacer caminando puede mantenerse.

El objetivo en todos los casos es el mismo: fortalecer la conexión entre el yo que observa y el yo que elige. Reducir la brecha entre notar que te has dispersado y realmente volver.

Cada vez que notas que te has dispersado y regresas, has hecho el trabajo. No has fallado. Has hecho el trabajo.

Una nota sobre la autocrítica después de la distracción

Uno de los hábitos más contraproducentes en la experiencia del TDAH es la sesión extendida de autocrítica que sigue a un período de distracción.

Pierdes veinte minutos en un agujero de internet. Luego pasas otros diez minutos diciéndote lo desastre que eres. Resultado neto: treinta minutos perdidos más un bajón de dopamina que hace que volver al trabajo sea aún más difícil.

Los estoicos tenían una respuesta directa a este patrón. Marco Aurelio escribió sobre ello explícitamente: cuando no actuaste como pretendías, obsérvalo, comprende por qué, y vuelve al intento. No añadas sufrimiento al fallo.

El hegemonikon no se fortalece con el castigo. Se fortalece con la práctica. Son cosas distintas.

La regla estoica tras una distracción

Nota. Vuelve. No hace falta ningún comentario adicional. Notar es la práctica. Volver es la práctica. La autocrítica que viene después no es práctica. Es ruido.

TU PRÁCTICA

Ejercicios estoicos de 2 minutos

Práctica 5.1: Cuenta los regresos

Hoy, cada vez que notes que te has dispersado de lo que

pretendías hacer y vuelvas a ello, cuéntalo.

No las distracciones. Los regresos.

Al final del día, ese número es tu puntuación. Cada regreso es una repetición. Estás fortaleciendo la conexión entre el observador y el actor. Las distracciones son irrelevantes para la puntuación.

La mayoría de las personas con TDAH descubren que vuelven decenas de veces en un día normal. Eso no es una estadística de fracaso. Es un volumen de entrenamiento al que la mayoría de los neurotípicos nunca se acercan.

Práctica 5.2: El regreso de las tres respiraciones (30 segundos)

Cuando notes que te has dispersado, antes de hacer cualquier otra cosa, da tres respiraciones lentas. Luego hazte una sola pregunta:

> **La pregunta del regreso**
>
> ¿Qué estaba intentando hacer antes de dispersarme? No por qué me dispersé. No qué falla en mí. Solo: qué estaba haciendo.

Responde esa pregunta y vuelve a ello. Esa es la práctica completa.

Los estoicos llamaban a esto volver a la facultad rectora. La psicología moderna lo llama redirigir la atención. El mecanismo es idéntico. El respiro existe para crear la pausa que el TDAH tiende a cerrar.

Práctica 5.3: La revisión nocturna del piloto (2 minutos)

Antes de dormir, tres preguntas. Escríbelas o solo piénsalas.

10. ¿En qué momento me dispersé hoy y conseguí volver?
11. ¿Qué lo hizo más fácil volver en ese momento?
12. ¿En qué quiero que se enfoque mi piloto mañana?

Marco Aurelio hacía una versión de esto cada noche. No porque fuera naturalmente disciplinado. Sino porque no lo era, y lo sabía.

CAPÍTULO 6

Hacer una pausa antes de reaccionar

La phantasia, el espacio de tres segundos y por qué tu cerebro con TDAH no es el enemigo

---

Cada pensamiento que llega a tu mente, cada emoción, cada impulso, cada percepción, los estoicos lo llamaban una impresión. En griego: phantasia.

Y establecieron una distinción que la mayoría de la gente en el mundo antiguo, y honestamente la mayoría hoy, pasa por alto completamente.

Dijeron: una impresión no es lo mismo que un juicio sobre la impresión.

Algo ocurre. Eso es la impresión. Luego decides qué significa y qué hacer al respecto. Eso es el juicio. Y entre esas dos cosas, aunque sea durante una fracción de segundo, hay un espacio.

La práctica estoica consiste en gran medida en aprender a vivir en ese espacio.

El problema del espacio en el TDAH

Para la mayoría de la gente, el espacio entre la impresión y la respuesta es pequeño pero existe. Para las personas con TDAH, puede sentirse como si no existiera en absoluto.

Alguien dice algo levemente crítico. La respuesta llega antes de que el pensamiento haya terminado de formarse. Envías el mensaje antes de haberlo leído dos veces. Dices que sí antes de haber mirado tu agenda. Rebates algo antes de haber escuchado del todo el punto de la otra persona.

Esto no es debilidad. Es neurológico. El sistema de control inhibitorio en los cerebros con TDAH es más lento y menos fiable. El espacio no se cierra automáticamente. Requiere un esfuerzo activo y practicado para mantenerse abierto.

Pero aquí está la clave: el espacio puede entrenarse. No perfectamente. No siempre. Pero de manera significativa, con el tiempo y con el tipo correcto de práctica.

Y los estoicos descubrieron cómo entrenarlo casi dos mil años antes de que la neurociencia confirmara por qué era necesario.

Lo que dice la investigación

El control inhibitorio, la capacidad de pausar una respuesta prepotente, es una de las funciones ejecutivas más directamente afectadas por el TDAH. También es una de las más entrenables, no a través de la fuerza de voluntad, sino mediante la práctica repetida de técnicas específicas de pausa en situaciones de bajo riesgo.

La técnica estoica: comprobar tus impresiones

Epicteto enseñaba a sus alumnos a hacer algo simple pero radical. Cuando llegaba una impresión, antes de actuar en consecuencia, les decía que hicieran una pausa y preguntaran: ¿es esta impresión algo a lo que debo asentir?

El asentimiento es un término técnico en filosofía estoica. Es el momento en que aceptas una impresión como verdadera y decides actuar en consecuencia. Los estoicos creían que el asentimiento era siempre, en principio, voluntario. Aunque no lo pareciera.

Aunque la impresión llegara rápida, y fuerte, y con una gran carga emocional adjunta.

La práctica no era rechazar la impresión. Era mirarla primero antes de decidir qué hacer con ella.

> *"Primero dite a ti mismo qué quieres ser, y luego haz lo que tengas que hacer."*
> **— Epicteto, Discursos**

En términos modernos: conoce tu intención antes de actuar. Aunque sea una comprobación de un segundo, cambia la calidad de la acción.

Para el TDAH, una comprobación de un segundo es genuinamente difícil. Tres segundos es un objetivo ambicioso. Pero también es, una vez practicado, completamente alcanzable. Y tres segundos son suficientes.

El factor de la intensidad emocional

Uno de los retos específicos del TDAH es que las impresiones no llegan a volumen moderado. Tienden a llegar a plena intensidad.

La frustración no llega como irritación leve. Llega como rabia. La vergüenza no llega como leve incomodidad. Llega como humillación. La emoción no llega como interés agradable. Llega como obsesión.

Esto se llama a veces amplificación emocional, y es una de las características menos comentadas del TDAH. La experiencia emocional no es desproporcionada en el sentido de ser irreal. Los sentimientos son reales. Pero son más intensos de lo que la situación generalmente justifica.

Los estoicos tenían claro que este tipo de amplificación es donde ocurre la mayor parte del daño. No en la impresión original, sino en el juicio desbocado que se le adhiere.

Alguien llega tarde a una reunión. Esa es la impresión. Luego llega el juicio amplificado: no respeta mi tiempo, nunca lo ha respetado, esto siempre pasa, sabía que esta relación era un problema. Y de repente estás respondiendo no a un compañero que ha llegado tarde sino a una historia que has construido en aproximadamente cuatro segundos.

Tú no eres la impresión

Esta es la distinción más importante que hicieron los estoicos, y encaja casi perfectamente con lo que la neurociencia nos dice ahora sobre la experiencia del TDAH.

La impresión no eres tú. La emoción no eres tú. El impulso no eres tú. Son cosas que surgen en ti. Esa no es una diferencia menor.

Si te identificas con cada pensamiento y sentimiento que pasa por tu mente, entonces cuando tu cerebro con TDAH produce una avalancha de impulsos en competencia, tú eres esos impulsos. Eres el caos.

Si aprendes a ver los pensamientos y los impulsos como cosas que surgen en la mente, en lugar de cosas que son la mente, entonces eres el observador. Y el observador, como vimos en el capítulo anterior, es más estable que el tiempo meteorológico que lo atraviesa.

Los estoicos dedicaron mucho tiempo a esto. Marco Aurelio escribió sobre ello en casi todas las secciones de las Meditaciones. Epicteto lo convirtió en la base de su enseñanza.

Volvían a ello constantemente porque es genuinamente difícil. Y porque es genuinamente necesario.

Una imagen útil

Piensa en tu mente como un cielo. Los pensamientos, los impulsos y las emociones son el tiempo que pasa. Tú eres el cielo, no la tormenta. La tormenta llega. La tormenta pasa. El cielo estaba ahí antes y seguirá estando después.

Practicar el espacio cuando todo está en calma

El peor momento para practicar la pausa es en medio de un pico emocional. Ya es demasiado tarde. El espacio necesita entrenarse cuando las apuestas son bajas, para que esté disponible cuando las apuestas son altas.

Este es el principio estoico que conecta más directamente con la psicología conductual moderna. Practicas la pausa en condiciones seguras. La practicas hasta que se convierte en un hábito. Entonces está ahí, al menos en parte, cuando la necesitas.

No siempre. No perfectamente. Pero más que si no hubieras practicado.

Ese es el listón. No la perfección. Más que antes.

TU PRÁCTICA
Ejercicios estoicos de 2 minutos

Práctica 6.1: La regla de los tres segundos

Elige una situación recurrente en tu vida en la que tiendes a reaccionar antes de pensar. Puede ser un tipo de correo electrónico. Una persona concreta. Un detonante específico en casa o en el trabajo.

Esta semana, cuando llegue esa situación, tu único objetivo es hacer una pausa de tres segundos antes de responder.

No responder perfectamente. No sentirte tranquilo. Solo hacer una pausa de tres segundos.

Tres segundos son suficientes para

Dejar pasar la primera ola del impulso. Comprobar si realmente quieres decir o hacer lo que ibas a decir o hacer. Elegir en lugar de reaccionar.

Empieza con una situación. Una. No todas. La práctica se construye de lo específico a lo general, no al revés.

Práctica 6.2: Nombra la impresión (1 minuto)

Cuando llegue una emoción o un impulso fuerte, intenta nombrarlo antes de actuar. En voz alta o por escrito.

No: estoy furioso.

Sino: ha llegado la rabia. O: noto un impulso de responder con brusquedad.

El cambio gramatical importa. Pasar del estoy al noto que estoy crea la perspectiva del observador. No eres el tiempo meteorológico. Estás observando el tiempo.

La investigación en regulación emocional lo confirma: poner nombre a una emoción con cierta distancia reduce su intensidad de manera medible. Los estoicos lo sabían y lo practicaban como algo natural.

Práctica 6.3: La revisión de la impresión (2 minutos, al final del día)

Al terminar el día, piensa en un momento en que llegó una impresión fuerte. Recórrelo en tres pasos:

- ¿Cuál fue la impresión? Descríbela sin juicio.
- ¿Qué hiciste con ella? Sé honesto.
- Si pudieras insertar una pausa de tres segundos la próxima vez, ¿qué podrías elegir en cambio?

Esto no es autocrítica. Es lo que hace el piloto en la revisión post-vuelo. Misma información, propósito diferente. El objetivo es conocer el terreno, no castigar el último vuelo.

Marco Aurelio hacía esto cada noche. Lo llamaba examinar el día. No siempre le gustaba lo que encontraba. Seguía examinando.

CAPÍTULO 7

El impulso como información

Por qué tus impulsos no son el enemigo y qué intentan decirte en realidad

---

Hay una versión del relato sobre el TDAH que funciona así: tus impulsos son el problema. Te meten en líos. Interrumpen a la gente, gastan dinero que no tienes, envían mensajes de los que te arrepientes, te alejan de lo que se supone que deberías estar haciendo.

Controla los impulsos, dice ese relato, y controlarás el TDAH.

Ese relato no está del todo equivocado, pero le falta algo importante. Y lo que le falta es esto: los impulsos no son ruido aleatorio. Son señales. Y antes de aprender a gestionarlos, ayuda enormemente entender qué están diciendo en realidad.

Lo que los estoicos entendieron sobre el deseo y la aversión

Los estoicos tenían un modelo sofisticado de la vida interior que se parece extraordinariamente a lo que la psicología moderna ha ido reconstruyendo en los últimos cincuenta años.

Dividían todos los movimientos internos en dos categorías: el deseo, la atracción hacia algo, y la aversión, el rechazo de algo.

Cada impulso, decían, pertenece a una de estas dos familias.

Y aquí está el hallazgo que la mayoría de la gente se salta: todo deseo y toda aversión apunta a algo que valoras.

Interrumpes a alguien porque valoras ser escuchado. Evitas la tarea porque temes confirmar algo que crees sobre ti mismo. Buscas novedad porque tu cerebro necesita genuinamente estimulación para funcionar. Gastas de manera impulsiva porque el objeto representa alivio de un sentimiento que no puedes nombrar.

El impulso no es el problema. El impulso es un dato. La pregunta es si lo estás leyendo con precisión.

> *"No busques que las cosas que ocurren ocurran como tú quieres, sino desea que las cosas que ocurren sean como son, y tendrás una vida tranquila."*
> **— Epicteto, Enquiridión**

Esto se lee a menudo como aceptación pasiva. No lo es. Es una instrucción para empezar desde la realidad antes de intentar cambiarla. Y la realidad, en este caso, incluye la realidad de lo que tus impulsos te están diciendo sobre lo que necesitas.

El impulso con TDAH es más alto, no más incorrecto

Una de las cosas más crueles del encuadre estándar de la impulsividad en el TDAH es que trata cada impulso como sospechoso. Como algo que hay que suprimir en lugar de entender.

Pero el contenido de los impulsos con TDAH no es irracional. El volumen es alto. El momento a menudo es inoportuno. La expresión puede ser torpe. Pero debajo de casi todo comportamiento impulsivo hay una necesidad legítima que no se está cubriendo a través de los cauces habituales.

La persona que no puede dejar de hablar en una reunión suele ser alguien cuyo cerebro ha hecho una conexión que se siente genuinamente urgente y que habrá desaparecido si no la dice ahora. La persona que se va de una situación aburrida suele ser alguien cuyo sistema nervioso está genuinamente, fisiológicamente, infraestimulado. La persona que compra algo que no puede permitirse suele ser alguien que intenta crear un evento de dopamina porque su línea de base de dopamina es demasiado baja para sostener el foco o la motivación.

Nada de esto hace que el comportamiento no tenga consecuencias. Pero lo hace comprensible. Y comprensible es donde el cambio se vuelve posible.

El reencuadre

Una acción impulsiva no es evidencia de un carácter roto. Es evidencia de una necesidad no satisfecha que encontró la salida más rápida disponible. Tu trabajo no es tapiar todas las salidas. Es construir mejores.

Leer la señal que hay debajo del impulso

Los estoicos recomendaban una práctica que llamaban examinar el deseo: cuando notas una atracción fuerte hacia o en contra de algo, haz una pausa y pregunta qué valor hay debajo.

Para el TDAH, esta es una habilidad genuinamente útil. No

porque vaya a detener el impulso en el momento, sino porque con el tiempo construye un mapa de tus necesidades reales. Y una vez que tienes ese mapa, puedes empezar a cubrir esas necesidades de maneras que no crean problemas.

En la práctica funciona así. Notas un impulso de mirar el móvil por decimoquinta vez en una hora. En lugar de simplemente hacerlo, o de simplemente sentirte culpable, haces una pausa de tres segundos y te preguntas: ¿qué estoy buscando en realidad ahora mismo?

A veces la respuesta es estimulación. A veces es conexión. A veces es evitación de una tarea que se siente amenazante. A veces es un aburrimiento genuino que tu cerebro señala como necesidad de más estímulo.

Cada una de esas respuestas apunta a una respuesta diferente. La estimulación se puede abordar cambiando el entorno. La conexión se puede abordar con una conversación de dos minutos con alguien. La evitación de una tarea amenazante merece ser entendida. El aburrimiento es tu sistema nervioso diciéndote que la situación actual no está aportando suficiente estímulo.

Nada de eso se resuelve dejando el móvil boca abajo y aguantando. Se resuelve entendiendo lo que ocurre de verdad y abordándolo directamente.

La diferencia entre ceder y entender

Una aclaración necesaria: leer tu impulso como información no es lo mismo que actuar en consecuencia.

Los estoicos eran cuidadosos aquí. Entender que un deseo apunta a algo que valoras no significa que el deseo deba satisfacerse. Significa que tienes suficiente información para tomar una decisión deliberada en lugar de una automática.

A veces examinarás el impulso, entenderás lo que dice, y aun así decidirás no actuar sobre él porque las consecuencias no lo merecen. Eso es una experiencia fundamentalmente diferente a suprimir el impulso mediante la vergüenza o la fuerza de voluntad.

Una te agota. La otra, con el tiempo, construye algo parecido a la agencia genuina. Que es, por supuesto, exactamente lo que buscaban los estoicos.

> *"El que no se contenta con poco, no se contenta con nada."*
> **— Epicteto, Fragmentos**

Lo que señala Epicteto no es privación. Es la diferencia entre actuar desde la claridad sobre lo que genuinamente necesitas versus actuar desde un antojo que ha tomado el control del volante.

Para los cerebros con TDAH, donde los antojos llegan rápidos y fuertes, esa distinción lo es todo.

Tus impulsos no son tu identidad

Una cosa más, y tiene importancia.

Muchas personas con TDAH, especialmente las que han sido criticadas por su impulsividad durante años, han llegado a identificarse con sus impulsos. Se piensan a sí mismas como personas impulsivas. Como personas que no pueden controlarse.

La visión estoica es más precisa que eso. No eres tus impulsos. Eres la facultad que los recibe, los examina y elige qué hacer a continuación. Los impulsos surgen. Pasan. Te dicen cosas. Tú decides qué hacer con lo que te dicen.

Ese es de nuevo el observador, el hegemonikon del capítulo anterior. Está ahí. Está mirando. Y no es lo mismo que el impulso.

Ese espacio entre el impulso y la elección es pequeño. Para los cerebros con TDAH, a veces es infinitesimalmente pequeño. Pero existe. Y es tuyo.

TU PRÁCTICA
Ejercicios estoicos de 2 minutos

Práctica 7.1: La entrevista al impulso (2 minutos)

Cuando notes un impulso fuerte hoy, antes de actuar sobre él o de reprimirlo, hazle una rápida entrevista de tres preguntas. Puedes hacerlo en tu cabeza, en treinta segundos.

- ¿Hacia qué me está empujando este impulso, o de qué me está alejando?
- ¿Qué necesidad o valor hay debajo? ¿Qué intenta conseguirme en realidad?
- ¿Hay alguna manera mejor de cubrir esa necesidad ahora mismo?

No necesitas responderte perfectamente. El hábito de preguntar vale más que cualquier respuesta concreta. Después de una semana con esta práctica, empezarás a notar patrones en tus impulsos que antes no podías ver.

Práctica 7.2: El registro del impulso (continúa, 1 minuto por entrada)

Mantén una nota en el móvil esta semana. Cada vez que captures un impulso significativo, apunta tres cosas:

1. Cuál fue el impulso.
2. Qué crees que había debajo.
3. Qué hiciste en realidad.

Sin juicio. Sin puntuación. Solo datos. Al final de la semana, léelo y busca patrones. La mayoría de la gente descubre dos o tres necesidades recurrentes que sus impulsos señalan constantemente. Esas son las cosas que merece la pena abordar directamente.

Práctica 7.3: Construye una salida mejor (una vez esta semana)

Elige un impulso recurrente que tienda a crear problemas. El del móvil. El de interrumpir. El de evitar. El del gasto. El que sea el tuyo.

Pregúntate: ¿qué necesidad está cubriendo esto? Luego pregúntate: ¿cuál es otra manera de cubrir esa necesidad que no genere las mismas consecuencias?

Ejemplo

Impulso: revisar las redes sociales repetidamente. Necesidad de fondo: estimulación y sensación de conexión. Salida mejor: un paseo de dos minutos, o un mensaje a alguien con quien realmente quiero hablar.

No estás eliminando la necesidad. Estás construyendo una puerta que lleva a algún sitio mejor. Eso no es autocontrol. Es autoconocimiento. Y el autoconocimiento es más duradero.

CAPÍTULO 8

Meditar sin quedarse quieto

Cómo era realmente la práctica contemplativa estoica y por qué nunca tuvo nada que ver con la posición de loto

---

Cuando la mayoría de la gente oye la palabra meditación, se imagina a alguien sentado muy quieto, con los ojos cerrados, haciendo algo calmado y concentrado durante al menos veinte minutos.

Si tienes TDAH, también te imaginas probablemente la versión en la que lo intentas, pasas diecinueve de esos veinte minutos planificando qué comer para cenar y sintiéndote culpable por ello, y concluyes que la meditación no es para ti.

Buenas noticias: eso no es meditación estoica. Ni de cerca.

Los estoicos meditaban caminando. Escribiendo. Hablando en voz alta consigo mismos. Revisando el día mientras se vestían. Haciendo preguntas durante una comida. Su práctica estaba tejida en la textura de la vida cotidiana, no separada de ella en una sesión dedicada que exige quietud y silencio.

Si tienes un cerebro que no se sienta quieto de manera fiable, en realidad estás mucho más cerca de cómo practicaban los estoicos de verdad que de lo que la industria moderna de la meditación querría hacerte creer.

En qué consistía realmente la contemplación estoica

Los estoicos usaban varias prácticas contemplativas específicas. Ninguna requiere un cojín.

La revisión matutina era quizá la más común. Antes de que empezara el día, el estoico consideraba brevemente lo que le esperaba. No para planificar de manera obsesiva, sino para orientarse. ¿Qué dificultades podrían surgir hoy? ¿En qué momento podría tener la tentación de reaccionar mal? ¿Qué quiero traer a este día?

Marco Aurelio lo hacía. Epicteto lo enseñaba. Séneca lo describió en sus cartas. La revisión era breve, práctica y se hacía en condiciones ordinarias: a menudo todavía en la cama, o desayunando, o caminando hacia donde les llevara el día.

> **Una revisión matutina estoica lleva dos minutos**
>
> Piensa en una cosa que pueda ser difícil hoy. No para preocuparte. Solo para verla venir. Luego pregúntate: ¿qué única cualidad quiero traer a ese momento? Esa es la práctica completa.

La reflexión vespertina era el otro ancla. Al final del día, el estoico hacía una breve auditoría de lo que había ocurrido. No una sesión de autoflagelación. Una mirada honesta.

Séneca la describía claramente en sus cartas: se hacía tres preguntas antes de dormir. ¿En qué me equivoqué? ¿En qué lo hice bien? ¿En qué podría haberlo hecho mejor?

Fíjate en el orden. En qué me equivoqué viene primero, pero no es la única pregunta, y no va seguida de un veredicto. Va seguida de en qué lo hice bien. El tono es el de un entrenador revisando grabaciones, no el de un juez dictando sentencia.

Caminar como práctica contemplativa

Los peripatéticos, una escuela filosófica diferente de la antigüedad, eran famosos por pensar mientras caminaban. Su nombre significa literalmente los que caminan. Pero los estoicos también valoraban el movimiento como contexto para la reflexión.

Para los cerebros con TDAH, esto no es solo filosóficamente legítimo. Tiene respaldo neurológico.

El movimiento físico aumenta la dopamina y la noradrenalina, dos de los neurotransmisores más directamente implicados en el TDAH. Un paseo de diez minutos no solo te ayuda a pensar. Mejora literalmente las condiciones en las que operan tus funciones ejecutivas. Los estoicos estaban en lo cierto, y la neurociencia lo ha confirmado desde el otro extremo.

Si te resulta imposible sentarte a reflexionar, prueba a caminar y reflexionar. Las mismas preguntas funcionan. Las mismas prácticas funcionan. Solo que las haces en movimiento.

> *"Retírate en ti mismo tanto como puedas. Frecuenta la compañía de quienes puedan mejorarte."*
> **— Séneca, Cartas a Lucilio**

Retirarse en uno mismo no significa encerrarse en una habitación silenciosa. Significa crear momentos de atención interior. Esos momentos pueden ocurrir en un paseo, en la ducha, en el trayecto al trabajo, fregando los platos. El contenedor importa mucho menos que la práctica.

Escribir como meditación estoica

Todo el legado de Marco Aurelio es una práctica contemplativa escrita. Las Meditaciones no son ensayos pulidos. Son el material en bruto de un hombre que piensa sobre el papel, que vuelve a las mismas preguntas, que trabaja a través de las mismas dificultades, que se pilla a sí mismo derivando y lo apunta.

Para muchas personas con TDAH, escribir es la forma de reflexión más efectiva. No llevar un diario en el sentido elaborado de páginas diarias. Solo escribir breve y honestamente.

Tres frases. Cinco viñetas. Una pregunta y un intento de respuesta. El acto de convertir el ruido de tu cabeza en palabras en una página hace algo que el pensamiento solo no puede hacer de manera fiable: ralentiza el flujo lo suficiente para ver qué hay en él.

Esto es especialmente valioso para los cerebros con TDAH, donde los pensamientos tienden a llegar en racimos y a irse antes de que puedan examinarse. Escribir los atrapa.

Contemplación sin perfeccionismo

Una de las formas más comunes en que las personas con TDAH abandonan las prácticas contemplativas es a través de la trampa del perfeccionismo. Se saltan una revisión matutina y concluyen que la práctica ha fallado. Hacen una reflexión vespertina apresurada y distraída y deciden que no cuenta.

Los estoicos encontrarían esto desconcertante. Marco Aurelio escribió en las Meditaciones sobre volver a la práctica después de una interrupción, no sobre mantener una racha sin interrupciones. Séneca dijo explícitamente que una buena práctica hecha de manera imperfecta es mejor que una práctica perfecta que nunca se intenta.

El listón no es la constancia. El listón es el regreso. Cuando te alejes de la práctica, que lo harás, porque todo el mundo lo hace, la pregunta es simplemente: ¿con qué rapidez puedo volver?

Es la misma pregunta del capítulo cinco. El piloto volviendo a los controles. Siempre es la misma pregunta. La práctica solo te da más oportunidades de practicar el regreso.

La única regla

Una práctica de dos minutos hecha seis días a la semana gana a una práctica de veinte minutos hecha una vez al mes. No por los minutos. Porque la práctica de seis días está construyendo un hábito. La de una vez al mes está manteniendo una aspiración. Son cosas distintas.

La práctica que se ajusta a tu cerebro

Personas diferentes con TDAH encuentran que diferentes formatos les funcionan mejor. No hay un sistema de entrega universalmente correcto. Lo que importa es que la práctica ocurra, no cómo se ve.

Algunas personas reflexionan mejor mientras conducen. Otras usan notas de voz. Otras escriben en aplicaciones del móvil. Otras llevan un cuaderno físico junto a la cama. Otras lo hacen mientras hacen ejercicio. Otras repasan el día en voz alta bajo la ducha porque el sonido del agua ayuda a su sistema nervioso a asentarse.

Todas son válidas. Todas son, a su manera, exactamente lo que hacían los estoicos. El formato no es la práctica. La intención es la práctica.

Encuentra la tuya. Protégela. Vuelve a ella cuando la pierdas. Eso es todo.

TU PRÁCTICA
Ejercicios estoicos de 2 minutos

Práctica 8.1: La orientación matutina de dos minutos (diaria)

Antes de mirar el móvil o empezar cualquier tarea, hazte dos preguntas. En voz alta, en tu cabeza o por escrito, lo que te funcione.

- ¿Cuál es la única cosa que podría ser difícil hoy?
- ¿Qué cualidad quiero traer a ese momento?

Esa es la práctica completa. Noventa segundos. No requiere quietud, silencio ni siquiera estar sentado. Marco Aurelio hacía una versión de esto en una tienda de campaña. Tú puedes hacerlo en la cama.

Práctica 8.2: La auditoría vespertina de Séneca (diaria, 2 minutos)

Antes de dormir, tres preguntas en la forma que te funcione.

Escritas, habladas o solo pensadas:

- ¿En qué me equivoqué hoy? Solo una cosa, nombrada con honestidad.
- ¿En qué lo hice bien? Solo una cosa, reconocida de verdad.
- ¿Qué quiero hacer de manera diferente mañana?

No hace falta elaborar. No hace falta respuestas perfectas. Solo el escaneo honesto. Séneca decía que solo esta práctica, hecha con constancia, cambia la calidad con la que te mueves por tus días.

Tenía razón. Pero solo si realmente la haces.

Práctica 8.3: La pregunta caminando (cuando la necesites)

Cuando estés bloqueado, desbordado o dando vueltas, en lugar de sentarte e intentar pensar en la solución, date un paseo de diez minutos con una pregunta en la cabeza.

> **Buenas preguntas para caminar**
> ¿Qué me está molestando en realidad ahora mismo, debajo de la superficie? ¿Cuál es la única cosa que podría hacer hoy que haría todo lo demás más fácil? ¿Qué le diría a un amigo que estuviera exactamente en mi situación?

No fuerces una respuesta. Camina con la pregunta. La respuesta suele llegar sin ser perseguida.

Esto no es pensamiento mágico. Es mecánica de dopamina. El movimiento cambia tu neuroquímica. La pregunta le da a tu cerebro activado una dirección productiva hacia la que moverse. La combinación funciona.

CAPÍTULO 9

Cuando el rechazo duele el doble

La DSR, la visión estoica del juicio ajeno y la diferencia entre importarte y derrumbarte

---

Hay una característica de la experiencia con TDAH de la que casi nadie habla en público, y que casi todas las personas con TDAH reconocen en el momento en que la describen.

Se llama disforia sensible al rechazo. DSR para abreviar.

Y si la tienes, ya sabes exactamente de qué va.

Qué es la DSR de verdad

La disforia sensible al rechazo es una respuesta emocional intensa, a menudo abrumadora, ante la crítica percibida, el rechazo o el fracaso. La palabra clave es percibida. El rechazo no tiene que ser real. Un tono ligeramente frío en un correo electrónico es suficiente. Un amigo que no responde tan rápido como de costumbre. Un trabajo que recibe menos entusiasmo del esperado. Una reunión en la que alguien parecía distraído.

La respuesta, cuando llega, no es una leve decepción. Es más parecida a un golpe físico. Muchas personas lo describen como una caída repentina, como si el suelo hubiera desaparecido. Otras lo describen como una ola de vergüenza tan intensa que bloquea temporalmente la capacidad de pensar con claridad.

Normalmente pasa. Pero mientras dura, puede descarrilar un día entero.

Y también, porque la respuesta es tan desproporcionada respecto a la mayoría de los detonantes, genera su propia capa secundaria de vergüenza. No solo el dolor del rechazo percibido. La humillación de haber reaccionado con tanta intensidad a algo que, racionalmente, no era para tanto.

La DSR en cifras

La investigación sugiere que hasta el noventa y nueve por ciento de los adultos con TDAH experimentan la DSR de manera clínicamente significativa. Es una de las características más consistentes del TDAH adulto, y una de las menos probables de aparecer en los criterios diagnósticos o en las conversaciones públicas sobre la condición.

Lo que los estoicos decían sobre el juicio ajeno

Los estoicos dedicaron mucho tiempo a la pregunta de cuánto peso dar a las opiniones de los demás. Y su respuesta era consistentemente: menos de lo que crees, pero no ninguno.

Menos de lo que crees, porque los juicios de otras personas no están en tu mano. Dependen del estado de ánimo de esa persona, de su historia, de sus suposiciones, de sus propios miedos. Permitir que esas cosas determinen tu sentido del valor propio es, en términos estoicos, externalizar tu estabilidad a algo poco fiable.

Pero no ninguno, porque los estoicos también tenían claro que los seres humanos somos criaturas sociales, que nos necesitamos mutuamente, y que las opiniones de personas a las que respetamos y que nos conocen bien contienen información real que merece atención.

La distinción que establecían era entre retroalimentación útil y juicio en bruto. La retroalimentación útil te dice algo de lo que puedes aprender. El juicio en bruto es solo ruido sobre el estado interior de otra persona.

> *"Si alguien puede mostrarme que lo que pienso o hago no es correcto, cambiaré de buena gana, porque busco la verdad, por la que nadie ha sido dañado jamás."*
> **— Marco Aurelio, Meditaciones**

Fíjate en el estándar que establece Marco Aurelio. Está abierto a equivocarse. Quiere activamente que le corrijan cuando se equivoca. Pero la corrección tiene que mostrarle algo. Un tono frío, una crítica rápida, un desaire percibido: esas cosas no le muestran nada excepto que la otra persona tuvo una reacción. Eso no es lo mismo que evidencia.

Para las personas con DSR, esta distinción es útil y, en el momento de la respuesta, casi imposible de aplicar. El Marco Aurelio estoico no previene la DSR. Pero ofrece una herramienta de recuperación que funciona, una vez que ha pasado la primera ola.

Las dos preguntas que atraviesan la DSR

Cuando la respuesta de DSR ha llegado y estás en el momento posterior, dos preguntas de la tradición estoica son genuinamente útiles. No durante el pico. Después.

La primera pregunta es: ¿esta crítica es realmente verdad? No si duele. Si es precisa. Son preguntas diferentes, y la DSR las confunde constantemente. Algo puede doler intensamente y seguir siendo impreciso. Algo puede apenas escocer y aun así merecer aprenderse.

La segunda pregunta es: ¿tiene esta persona la legitimidad para evaluarme en esto? No de manera defensiva. De manera honesta. ¿Conoce la situación completa? ¿Tiene experiencia relevante? ¿Es alguien cuyo juicio confiarías en un buen día?

Si la respuesta a ambas preguntas es no, lo que tienes no es información útil. Tienes la reacción de alguien. Y la reacción de alguien, por mucho que duela recibirla, no es un veredicto sobre tu valor.

La parte más difícil: cuando la crítica es parcialmente verdad

La DSR se complica más cuando la crítica aterriza en algo real.

Sí olvidaste la cosa. El trabajo no fue lo mejor de lo que eres capaz. Llegaste tarde de nuevo. La reacción de la otra persona no era completamente injustificada.

En estas situaciones, la respuesta de DSR tiende a tomar una verdad parcial y expandirla hasta convertirla en un veredicto total. Un error se convierte en evidencia de fracaso fundamental. Un fallo se convierte en prueba de incapacidad permanente. El error era real, pero la conclusión que la DSR le adjunta no lo es.

El movimiento estoico aquí es preciso: reconocer lo que es verdad, sin aceptar lo que no lo es.

Sí, llegué tarde. Eso es exacto. No, eso no significa que sea alguien en quien no se puede confiar. Esas son dos afirmaciones distintas, y solo una de ellas está respaldada por la evidencia.

Eso no es defensividad. Es precisión. Y la precisión es donde se construye el autorrespeto que realmente aguanta.

> **La corrección estoica**
>
> Toma lo que sea útil de la crítica. Examínalo honestamente. Aprende de ello si hay algo que aprender. Luego suelta el resto. No porque no duela. Sino porque no es información que puedas usar.

El problema de la DSR anticipatoria

Una de las características más debilitantes de la DSR no es la respuesta al rechazo real. Es la anticipación de él.

Porque la respuesta es tan dolorosa, muchas personas con TDAH desarrollan sistemas elaborados de evitación. No envían el trabajo por si acaso lo critican. No proponen la idea en la reunión. No piden lo que necesitan porque la posibilidad de un no se siente insuperable.

Los estoicos tenían una práctica para esto: la premeditación de la adversidad, que cubriremos en un capítulo posterior. En resumen: imaginas el resultado difícil por adelantado, lo examinas claramente, y descubres que es más superable de lo que temías.

El miedo al rechazo, examinado honestamente, es casi siempre mayor que el rechazo en sí. El pico de DSR de un rechazo imaginado tiende a ser proporcional al de uno real. Pero el rechazo real, una vez que llega, también pasa. El imaginado nunca lo hace, porque lo sigues reviviendo antes de que ocurra siquiera.

La práctica estoica es mirar de frente al resultado temido. No para eliminar el miedo. Para reducir la niebla que lo rodea y que puedas ver su tamaño real.

Esto no va de importarte menos

Una aclaración final, porque importa.

El enfoque estoico de la DSR no va de convertirte en alguien a quien no le importa lo que piensen los demás. Los estoicos se preocupaban profundamente por sus relaciones, su comunidad, su impacto en el mundo. Marco Aurelio escribió cosas hermosas sobre las personas a las que amaba y lo que les debía.

Lo que los estoicos combatían era el derrumbe que ocurre cuando la aprobación externa se convierte en el fundamento del valor propio. Porque un fundamento construido sobre las reacciones de los demás es, por definición, inestable. Se mueve con cada estado de ánimo, cada mensaje malinterpretado, cada momento de silencio que tu cerebro con DSR interpreta como rechazo.

El trabajo no es dejar de importarte. El trabajo es construir algo debajo del importarte. Algo que aguante cuando la aprobación no está.

Los estoicos llamaban a eso virtud. Nosotros podríamos llamarlo autorrespeto que no depende del resultado. De cualquier manera, se construye lentamente, con exactamente el tipo de pequeñas prácticas cotidianas con las que llevamos trabajando a lo largo de este libro.

TU PRÁCTICA

Práctica 9.1: El análisis posterior a la DSR (después del pico, 2 minutos)

Cuando una respuesta de DSR haya pasado, antes de seguir adelante, prueba este breve análisis. Lleva dos minutos y es mejor hacerlo por escrito, aunque sea solo unas palabras en el móvil.

- ¿Qué lo desencadenó? Nombra la cosa específica, no el sentimiento.
- ¿La crítica o el rechazo es realmente verdad? ¿Parcialmente verdad? ¿Mayormente falso?
- ¿Qué es lo único que puedo aprender de esto, si es que hay algo?
- ¿Qué parte no es información útil y puedo soltar?

El análisis no se hace durante el pico. Espera a que la intensidad baje, aunque sea un poco. Luego usa las preguntas para convertir el dolor en bruto en algo con lo que puedas trabajar de verdad.

Práctica 9.2: La pregunta de la legitimidad (cuando la necesites)

Cuando recibas una crítica que desencadene una respuesta fuerte, antes de decidir qué hacer con ella, hazte una pregunta:

La pregunta de la legitimidad

¿Sabe esta persona lo suficiente sobre mí, sobre mi situación y sobre esta cosa concreta como para darme retroalimentación útil ahora mismo? Si la respuesta es sí: escucha con atención. Si es no: reconoce el sentimiento, luego deja el veredicto a un lado.

No estás descartando a las personas. Estás siendo preciso sobre cuya opinión merece realmente el peso que le estás dando. La mayoría de las respuestas de DSR dan el máximo peso a las fuentes con mínima información. Esta pregunta reequilibra eso.

Práctica 9.3: La comprobación de la supervivencia (para la DSR anticipatoria)

Cuando estés evitando algo por miedo a una reacción negativa, dedica treinta segundos a recorrer el peor caso real.

- ¿Cuál es el peor resultado realista si hago esto y sale mal?
- ¿He sobrevivido a cosas parecidas antes?
- ¿Qué haría en realidad para superarlo si ocurriera?

El objetivo no es convencerte de que todo irá bien. El objetivo es descubrir que el peor caso, aunque desagradable, es superable. Has sobrevivido a rechazos antes. La DSR hizo que se sintieran insuperables en el momento. Sigues aquí.

Esa es la evidencia a la que señalarían los estoicos. No que no vaya a doler. Que puedes soportarlo. Esa distinción lo es todo cuando estás al borde de algo que te importa, decidiendo si intentarlo.

CAPÍTULO 10

El crítico que nunca descansa

La vergüenza crónica, el diálogo interior de Séneca y cómo hablarte sin hacerte más daño

---

La mayoría de las personas tienen un crítico interno. Una voz que detecta errores, señala carencias y de vez en cuando emite un veredicto poco bienvenido sobre cómo lo estás haciendo como ser humano.

Las personas con TDAH tienden a tener ese crítico, más veinte años de material extra.

El material viene de toda una vida siendo corregido, redirigido, pasado por alto y malentendido por personas que no sabían que estaban lidiando con una diferencia neurológica. Padres que creían que no te esforzabas. Profesores que creían que eras descuidado. Jefes que creían que eras poco fiable. Parejas que creían que no te importaba suficiente.

Ninguna de esas personas era necesariamente cruel. Simplemente tenían el mapa equivocado. Pero los veredictos que emitieron, repetidos suficientes veces, se convirtieron en parte del paisaje interior.

Y ahora el crítico no necesita a nadie más para alimentarse. Funciona solo.

Lo que la vergüenza le hace al cerebro con TDAH

La vergüenza no es solo un sentimiento desagradable. Tiene un efecto medible sobre la neurología que el TDAH ya tensiona.

Cuando la vergüenza se activa, la respuesta de estrés la sigue. El cortisol sube. La corteza prefrontal, que ya trabaja más de lo habitual en los cerebros con TDAH, se vuelve menos efectiva. La memoria de trabajo cae. La regulación emocional se dificulta. Las mismas funciones que necesitas para hacerlo mejor se vuelven menos disponibles.

La vergüenza, en otras palabras, no motiva la mejora en los cerebros con TDAH. Deteriora la capacidad para ella.

Esta es la crueldad central del ciclo de crítica: cuanto más duramente respondes a tus propios fallos, menos preparado quedas para evitarlos la próxima vez. El crítico cree que está ayudando. Está empeorando las cosas.

Lo que confirma la investigación

El trabajo de la doctora Kristin Neff sobre la autocompasión y la investigación del doctor Russell Barkley sobre el TDAH y la emoción convergen en el mismo hallazgo: la autocrítica en personas con TDAH no mejora el rendimiento. La autocompasión, definida como tratar tus fallos con la misma honestidad y amabilidad que ofrecerías a un buen amigo, sí lo hace.

Séneca sobre hablarse a uno mismo

Séneca escribió sobre el diálogo interior con más directidad que casi ningún otro estoico. Le fascinaba la calidad de la conversación que las personas tienen consigo mismas, y le preocupaba profundamente lo fácilmente que esa conversación se vuelve punitiva.

En sus cartas describió una práctica de consejo interno. Cuando estás luchando o has cometido un error, decía, háblate como le hablarías a un amigo que acudiera a ti en la misma situación. No con falso consuelo. Con atención honesta y cariñosa.

> *"Somos jueces más severos con nosotros mismos que con los demás, lo cual está bien; pero a veces llevamos esa severidad al extremo, lo cual no lo está."*
> **— Séneca, Cartas a Lucilio**

Esa frase merece detenerse. Séneca no dice que seas fácil contigo mismo. Dice que hay una diferencia entre la autoevaluación honesta y el exceso punitivo. La primera es útil. El segundo, no.

Para las personas con TDAH, el crítico interno ha cruzado hace mucho tiempo la línea hacia el exceso. La severidad se ha convertido en el modo predeterminado, no en la excepción.

El trabajo estoico no es silenciar al crítico. Es recalibrarlo. Restaurar la distinción entre la retroalimentación honesta, que puedes usar, y el ruido punitivo, que no puedes.

El estándar del amigo

Aquí hay una práctica que suena casi demasiado simple, y que funciona casi siempre que se aplica con honestidad.

Cuando notes que el crítico interno está en marcha, para y pregúntate: ¿le diría esto a un amigo que viniera a mí con esta misma situación?

No a un desconocido. A un amigo. Alguien a quien aprecias, cuyo bienestar te importa, de quien sabes que lo está intentando.

Si la respuesta es no, entonces lo que te estás diciendo a ti mismo no es honestidad. Es crueldad. Y la crueldad no es una aportación útil.

¿Qué le dirías en realidad a ese amigo? Probablemente reconocerías la dificultad. Probablemente señalarías lo que sí gestionó, junto a lo que salió mal. Probablemente separarías el error específico del veredicto global sobre su carácter. Probablemente le recordarías que un mal día, o una mala semana, o una lucha recurrente, no es la última palabra sobre quién es.

Eso no es blandura. Es precisión. Y tu cerebro, que ya trabaja más de lo habitual, merece aportaciones precisas de sí mismo.

Ponerle nombre al crítico

Una técnica que mucha gente con TDAH encuentra sorprendentemente efectiva es dar al crítico interno un nombre y un personaje. No para hacerse amigo de él. Para crear algo de distancia.

Cuando el crítico llega con un veredicto, puedes notarlo como algo que ha llegado, en lugar de como una verdad que ha sido entregada. Ahí está el personaje otra vez, con su guion habitual. Hola. Te veo. No voy a tomar eso como evidencia.

Es el mismo movimiento que el capítulo seis, donde distinguimos entre la impresión y el juicio sobre la impresión. El veredicto del crítico es una impresión. No es automáticamente un juicio que tengas que aceptar.

Los estoicos llamaban a esto alejarse de la impresión. En la práctica, ponerle nombre al crítico crea la distancia que necesitas para alejarte.

> *"Primero dite a ti mismo qué tipo de persona quieres ser. Luego haz lo que tengas que hacer."*
> **— Epicteto, Discursos**

La persona que quieres ser probablemente no es alguien que mantiene un monólogo interior punitivo. La mayoría de la gente, si se le pregunta directamente, quiere ser alguien que puede ser honesto consigo mismo sin ser cruel. Ese es el objetivo. No la perfección. No la positividad constante. Solo la calidad de conversación que ofrecerías a alguien a quien genuinamente aprecias.

La trampa de las disculpas

Un patrón más que merece nombrarse, porque es muy común en adultos con TDAH que han internalizado mucha crítica.

La trampa de las disculpas es la tendencia a pedir perdón en exceso, a explicar de antemano tus fallos, a presentarte como un problema antes de que nadie haya sugerido que lo eres. Viene de años de esperar la crítica e intentar gestionarla adelantándose a ella.

El problema es que también rebaja tus propias expectativas. Y le señala a tu propio cerebro que eres, de hecho, un problema.

El reconocimiento honesto de un error no es lo mismo que la

trampa de las disculpas. Puedes decir llegué tarde, estoy trabajando en esto, sin la autoflagelación extendida que sigue. Lo primero es responsabilidad. Lo segundo es el crítico actuando para una audiencia.

Responsabilidad sin autocastigo. Ese es el estándar estoico. Es más difícil de lo que parece, y más útil que casi cualquier otra cosa de este capítulo.

TU PRÁCTICA
Ejercicios estoicos de 2 minutos

Práctica 10.1: La auditoría del amigo (2 minutos)

En algún momento hoy te dirás algo que no le dirías a un amigo. Cuando lo captures, escríbelo. Luego escribe lo que sí le dirías a un amigo en la misma situación.

Ejemplo
Lo que te dijiste: no puedo creer que volviera a olvidarlo. Soy completamente inútil. Lo que le dirías a un amigo: fue un error frustrante. Tienes muchas cosas encima. ¿Qué puedes poner en marcha para que no ocurra la próxima vez?

La segunda versión no es más suave. Es más útil. Pasa del veredicto a la acción. Esa es la diferencia a la que señalaban los estoicos.

Práctica 10.2: Ponle nombre al crítico (hazlo una vez, luego úsalo siempre que lo necesites)

Dale un nombre a tu crítico interno. Que sea ligeramente absurdo. Algo que indique: este es un personaje, no un portador de la verdad.

Luego, cuando llegue con un veredicto, reconócelo por su nombre. En voz alta o en tu cabeza.

Ahí está otra vez. Te escucho. Hoy no acepto eso como evidencia.

No estás discutiendo con él. No lo estás suprimiendo. Lo estás notando, que es el movimiento estoico, y declinando darle autoridad automática sobre tu evaluación de ti mismo.

Práctica 10.3: El análisis de Séneca (2 minutos, al final del día)

La práctica del consejo interior de Séneca, adaptada para el TDAH:

- Nombra una cosa que salió mal hoy. Dila de manera factual, sin veredicto.
- Nombra a qué se debía la dificultad en realidad. ¿Qué función ejecutiva, qué circunstancia, qué reto genuino estuvo implicado?
- Nombra una cosa que harías de manera diferente. Específica y pequeña.
- Nombra una cosa que hiciste que merece ser reconocida. Solo una. Con honestidad.

Cuatro pasos. Dos minutos. La estructura importa porque el cerebro con TDAH librado a sí mismo tiende a rumiar en el paso uno indefinidamente o a saltar a otra cosa. La estructura te hace avanzar por los cuatro.

CAPÍTULO 11

La rabia llega rápido

Séneca sobre la ira, la respuesta emocional del TDAH y qué estás defendiendo en realidad

---

Séneca escribió un tratado entero sobre la rabia. Tres libros. Es el texto más extenso que nos dejó sobre cualquier tema concreto.

Eso ya te dice algo sobre la seriedad con que lo tomaba.

Abre el primer libro con una descripción de cómo se ve la rabia desde fuera: la cara enrojecida, las manos que tiemblan, la voz que cambia de registro, los ojos que van a otro sitio. Es clínico al respecto, casi de manera perturbadora. Y luego dice algo que la mayoría de la gente en el mundo antiguo, y muchas personas hoy, encontraría sorprendente.

Dice que la rabia siempre es una elección. No un sentimiento que te ocurre. Un juicio que emites, a menudo en una fracción de segundo, pero un juicio.

Si tienes TDAH, tu primera respuesta a esa afirmación podría estar entre el escepticismo y la indignación. Porque la experiencia de la rabia con TDAH no se siente como una elección. Se siente como un fenómeno meteorológico. Llega sin aviso, a plena intensidad, antes de que hayas tenido ninguna oportunidad de evaluar nada.

Séneca lo sabía. No dijo que la rabia fuera fácil de interceptar. Dijo que siempre está precedida, en principio, por un juicio. Y que ese juicio, aunque muy rápido, es donde vive el trabajo.

Por qué la rabia del TDAH es diferente en intensidad, no en naturaleza

La respuesta de rabia en el TDAH no es un animal diferente al de la rabia en general. Es el mismo animal corriendo más rápido, golpeando más fuerte y marchándose antes.

Las razones neurológicas están ahora bien entendidas. La misma desregulación de dopamina y noradrenalina que afecta a la atención y a la memoria de trabajo también afecta a la velocidad e intensidad de las respuestas emocionales. La amígdala se activa antes. El freno prefrontal llega después. La brecha entre el estímulo y la activación emocional completa es más corta en los cerebros con TDAH que en los neurotípicos.

Esto significa dos cosas que vale la pena sostener al mismo tiempo.

Primero: la intensidad de la rabia no es evidencia de su validez. Una respuesta puede ser desproporcionadamente fuerte sin que el agravio subyacente sea incorrecto. Puede que tengas toda la razón en que algo injusto ha ocurrido. La amplitud de la rabia no lo prueba ni lo refuta.

Segundo: la rapidez de llegada no elimina la posibilidad de una pausa. La pausa es más pequeña. Requiere más práctica para acceder a ella. Pero existe. Y practicarla, como insistía Séneca, la hace más grande con el tiempo.

Lo que Séneca acertó

Séneca argumentaba que el primer momento de rabia, el calor inicial, es en gran medida involuntario. Lo que hacemos con ese calor no lo es. La práctica no consiste en prevenir el calor. Consiste en alargar el tiempo entre el calor y la acción.

Qué está defendiendo la rabia en realidad

Aquí está la pregunta estoica sobre la rabia que la mayoría de la gente nunca alcanza, porque está demasiado ocupada gestionando la respuesta: ¿qué valor está defendiendo la rabia?

La rabia es casi siempre una señal de que algo que te importa ha sido violado. La justicia. El respeto. Tu tiempo. El bienestar de alguien. Tu sentido de competencia. Tu autonomía. La rabia es el sistema de alarma de tus valores.

Esto importa por dos razones.

La primera es que significa que la rabia no es irracional por naturaleza. Si alguien ha violado genuinamente algo que te importa de manera razonable, la rabia es una señal precisa. El problema no es la señal. El problema es lo que haces en respuesta a ella.

La segunda es que entender qué defiende la rabia te da un objetivo mucho más preciso para actuar. En lugar de responder a la carga emocional completa, puedes preguntar: ¿qué específicamente ha sido violado aquí, y cuál es la manera más efectiva de abordarlo?

Ese desplazamiento de reaccionar al sentimiento a responder al valor que hay debajo es uno de los movimientos más útiles de todo el repertorio estoico. Y para los cerebros con TDAH, donde el sentimiento tiende a dominar la sala, tener una pregunta que redirige la atención al valor subyacente es genuinamente valioso.

> *"Considera cuánto más sufres a menudo por tu rabia y tu dolor que por las mismas cosas que te hacen enojar y afligir."*
> **— Marco Aurelio, Meditaciones**

Esta es una de las observaciones más directas de Marco Aurelio, y aterriza de manera diferente dependiendo de dónde estés en el ciclo de la rabia. En medio del pico, parece irrelevante. En el momento posterior, suele ser dolorosamente precisa.

El sufrimiento que sigue a una respuesta rabiosa, el arrepentimiento, el daño a las relaciones, el coste de energía, es con frecuencia mayor que el agravio original que lo desencadenó. No siempre. Pero con suficiente frecuencia como para que valga la pena rastrearlo.

El momento posterior en el TDAH

Una de las características distintivas de la rabia con TDAH es el momento posterior.

En muchas personas con TDAH, la rabia llega rápido, alcanza su pico velozmente y luego se disipa de una manera que, desde dentro, se siente casi completa. El evento ha terminado. La rabia ha pasado.

Pero para las personas que la recibieron, el evento no ha terminado. Todavía están procesando lo que ocurrió. Puede que todavía estén heridas, o asustadas, o confundidas. La asimetría entre lo rápido que la persona con TDAH ha seguido adelante y cuánto tiempo dura el impacto en los demás es una de las fuentes más comunes de dificultad en las relaciones con TDAH adulto.

Entender esta asimetría no la deshace. Pero cambia la conversación que puedes tener sobre ella. Y cambia el tipo de reparación que sabes que necesitas ofrecer.

La reparación como práctica estoica

Los estoicos no eran sentimentales, pero tenían claro cuáles son las obligaciones que vienen con vivir entre otras personas. Cuando has causado daño, te ocupas de él. No a través del autocastigo extendido, sino a través del reconocimiento honesto y la reparación práctica.

Para el TDAH, donde las respuestas rabiosas ocurren con más frecuencia y a menudo con más intensidad de la que se pretendía, la reparación no es opcional. Es una habilidad central.

Y la reparación bien hecha no es lo mismo que la disculpa excesiva. Es específica, honesta y orientada al futuro. Dice: qué pasó, por qué pasó, en qué estoy trabajando, y qué haré diferente. No dice: soy una persona terrible y no deberías confiar en mí.

La primera versión reconstruye la relación. La segunda versión hace que la otra persona tenga que gestionar también tu vergüenza además de su propia experiencia. Eso no es reparación. Es transferir el peso.

La fórmula estoica de reparación

Nombra lo que ocurrió de manera factual. Reconoce el impacto en la otra persona. Di una cosa específica en la que estás trabajando. Pregunta qué necesita. Luego deja de hablar.

La rabia y el autoconocimiento

La última palabra de Séneca sobre la rabia, en el tercer libro de su tratado, es quizás la más útil para las personas con TDAH.

Dice: estudia tu rabia. Aprende sus patrones. Conoce qué la desencadena, qué la empeora, qué la acorta. No para eliminarla. Para entenderla lo suficientemente bien como para que deje de sorprenderte.

Para un cerebro donde la rabia llega rápida y sin mucho aviso, ese tipo de autoconocimiento es protector. No porque prevenga cada pico. Sino porque conoces el terreno. Sabes qué situaciones son de mayor riesgo. Sabes qué defiende típicamente tu rabia. Sabes cómo suele ser el momento posterior y qué reparación necesitarás hacer.

Eso no es lo mismo que el control. Pero es algo más sostenible que el control. Es comprensión. Y comprender tu propia rabia es el comienzo de trabajar con ella en lugar de ser trabajado por ella.

TU PRÁCTICA
Ejercicios estoicos de 2 minutos

Práctica 11.1: Mapea el patrón (esta semana)

Esta semana, después de cualquier momento de rabia significativa, dedica dos minutos a mapearlo. No en medio del pico. Después.

- ¿Qué lo desencadenó? Sé específico sobre el evento real.
- ¿Qué valor estaba siendo violado? ¿Qué estabas defendiendo en realidad?
- ¿Qué hiciste con la rabia? ¿Cuál fue la consecuencia?
- ¿Qué harías diferente con esa información la próxima vez?

Hazlo cinco días y tendrás un mapa de tus patrones de rabia más útil que cualquier cosa que un terapeuta pudiera darte, porque es tuyo y es preciso.

Práctica 11.2: La pregunta del valor (hazlo en el momento, 10 segundos)

Cuando notes que llega la rabia, antes de decir o hacer nada, prueba una pregunta interna:

> **La pregunta del valor**
>
> ¿Qué está defendiendo esta rabia ahora mismo? ¿Justicia? ¿Respeto? ¿Mi tiempo? ¿Alguien a quien quiero? Nombra el valor, no el sentimiento. El valor apunta a la respuesta. El sentimiento solo, no.

No siempre lo conseguirás en el momento. Está bien. Practícalo primero a posteriori, hasta que se vuelva más disponible en tiempo real. Así funciona toda práctica estoica: el ensayo crea disponibilidad.

Práctica 11.3: El protocolo de reparación (cuando sea necesario)

Después de una respuesta rabiosa que haya causado daño, usa la reparación en cuatro partes:

- Nombra lo que ocurrió: levanté la voz cuando llegaste tarde. Eso no estuvo bien.
- Reconoce el impacto: imagino que eso se sintió como una falta de respeto, o fue intimidante.
- Di en qué estás trabajando: estoy practicando hacer una pausa antes de reaccionar a este tipo de situación.
- Pregunta qué necesita: ¿qué te ayudaría ahora mismo?

Luego para. No añadas autoflagelación. No les pidas que te tranquilicen. La reparación es para ellos, no para tu alivio. Mantén esas dos cosas separadas y la reparación funcionará de verdad.

CAPÍTULO 12

El tiempo es lo más extraño

La ceguera temporal del TDAH, el memento mori y cómo hacer que el futuro se sienta suficientemente real

---

Pregúntale a alguien sin TDAH qué hará dentro de tres semanas y probablemente te dará una respuesta razonable. Tiene algún mapa mental de las semanas que vienen. Puede sentir la distancia entre el ahora y el entonces de una manera que informa sus decisiones.

Pregúntale lo mismo a alguien con TDAH y es probable que obtengas una de dos respuestas. O una respuesta muy vaga porque tres semanas es tan lejos que apenas se registra como real, o una respuesta muy específica porque ha externalizado la información en un calendario y te la está leyendo, en lugar de sentir realmente el tiempo.

Esto no es un problema de memoria. Es un problema de percepción del tiempo. Y es una de las características más infravaloradas de la experiencia con TDAH.

El sistema de tiempo en dos modos

El doctor Russell Barkley, cuyo trabajo sobre las funciones ejecutivas del TDAH está entre los más citados del campo, describe la experiencia del tiempo con TDAH como esencialmente binaria.

Hay ahora. Y hay no ahora.

Las cosas que están ocurriendo ahora mismo son vívidas, reales y motivadoras. Las cosas que no están ocurriendo ahora mismo, ya sean del futuro o del pasado reciente, tienden a difuminarse en una especie de no-ahora indiferenciado. Un plazo de entrega dentro de tres semanas y uno dentro de tres meses se sienten más o menos igual de irreales hasta el momento en que se convierten en ahora.

Por eso la crisis de última hora es una característica tan consistente de la vida con TDAH. No es pereza. No es mala planificación. El futuro, hasta que se convierte en presente, simplemente no ejerce la misma fuerza sobre el cerebro con TDAH que sobre los cerebros neurotípicos.

El término técnico

La ceguera temporal es el término informal para los déficits en memoria prospectiva y automonitorización temporal. El cerebro con TDAH tiene menor activación en las regiones responsables de proyectarse mentalmente hacia el futuro, lo que hace que las consecuencias futuras sean menos reales y, por tanto, menos motivadoras que la experiencia presente.

Lo que los estoicos entendían sobre el tiempo

Los estoicos estaban obsesionados con el tiempo. No con la productividad o la planificación, sino con la naturaleza del tiempo mismo y lo que significa para cómo vivimos.

Su observación central era que la mayoría de la gente vive como si tuviera tiempo ilimitado. Aplaza las cosas importantes. Trata el presente como una sala de espera para algún momento futuro en que la vida realmente comenzará. Y luego, sin darse cuenta, se queda sin futuro.

Séneca escribió un ensayo entero sobre esto, Sobre la brevedad de la vida, y sigue siendo uno de los textos más directos de la tradición filosófica. No es suave al respecto.

> *"No es que tengamos poco tiempo para vivir, sino que desperdiciamos mucho. La vida es suficientemente larga, y se nos ha dado con suficiente generosidad para los logros más elevados si se invirtiera toda bien."*
> **— Séneca, Sobre la brevedad de la vida**

Lo que Séneca diagnostica parece, a primera vista, lo opuesto al problema del TDAH. Está criticando a personas que aplazan la vida. Las personas con TDAH tienden a ser intensamente presentes. No aplazan. Viven casi enteramente en el ahora.

Pero míralo más de cerca. El problema de fondo es el mismo: la incapacidad de sostener el pasado, el presente y el futuro en relación significativa entre sí. Los contemporáneos de Séneca vivían como si el futuro fuera infinito. Las personas con TDAH viven como si el futuro apenas existiera. Presentaciones diferentes del mismo fallo de habitar el tiempo plenamente.

Memento mori: el futuro que sí funciona

Los estoicos desarrollaron una práctica llamada memento mori. Recuerda que vas a morir.

Antes de dejar el libro, quédate con esto un momento. Porque no es el ejercicio mórbido que suena. En la práctica, es lo contrario.

Los estoicos usaban la conciencia de la mortalidad no para generar miedo o desesperación, sino para hacer que el presente se sintiera vívido y el futuro cercano se sintiera real. Cuando genuinamente sostienes la naturaleza finita de tu tiempo, las cosas que importan se vuelven más claras, y las que no importan se vuelven más fáciles de soltar.

Para los cerebros con TDAH, donde el futuro está crónicamente subrepresentado en la motivación, el memento mori hace algo específico y útil: hace que el futuro llegue emocionalmente, sin necesitar que llegue temporalmente.

Dicho de otro modo: no siempre puedes sentir la realidad de un plazo de entrega dentro de tres semanas. Pero a veces sí puedes sentir la realidad de tu tiempo finito. Y ese sentimiento, una vez accedido, hace lo que se supone que deben hacer los plazos. Hace que el ahora se sienta conectado a algo que importa.

Hacer que el futuro se sienta real: estrategias prácticas

El hallazgo estoico y la neurociencia de la ceguera temporal del TDAH apuntan al mismo conjunto de enfoques prácticos.

El futuro necesita hacerse concreto y sensorial. No abstracto. No una fecha en un calendario. Algo que puedas ver, oír o sentir.

Por eso algunas de las estrategias de gestión del tiempo más efectivas para el TDAH implican hacer que los estados futuros estén físicamente presentes. Una cuenta atrás visual. Una foto del lugar donde estarás dentro de tres semanas. Una nota de voz de tu yo del pasado a tu yo del futuro. Objetos que representan compromisos futuros colocados donde los encontrarás ahora.

Los estoicos hacían una versión de esto con sus prácticas de premeditación. Imaginaban escenarios futuros con detalle vívido, para traerlos al presente emocional. La técnica era filosófica, pero el mecanismo es el mismo: la especificidad y el detalle sensorial crean realidad emocional que la planificación abstracta no puede.

> *"Preparemos nuestras mentes como si hubiéramos llegado al final mismo de la vida. No aplaces nada. Equilibra las cuentas de la vida cada día."*
> **— Séneca, Cartas a Lucilio**

Equilibra las cuentas de la vida cada día. Para el TDAH, esto no es una metáfora sobre organización. Es una instrucción sobre cerrar bucles. Terminar cada día con cierta sensación de qué ocurrió, qué importa y qué trae el mañana. No como ejercicio de productividad. Como práctica de hacer que el tiempo se sienta real.

Urgencia sin crisis

Uno de los dones, si se puede llamar así, de la ceguera temporal del TDAH es que cuando el futuro finalmente se convierte en ahora, el foco que llega es a menudo extraordinario.

El modo de crisis de última hora en que se meten los cerebros con TDAH no es ideal. Pero revela algo importante: la capacidad de compromiso intenso está ahí. El problema es que solo se activa de manera fiable bajo condiciones de urgencia genuina.

El objetivo estoico y neurocientífico no es eliminar esa capacidad. Es aprender a crear condiciones que la activen sin necesitar una crisis real. Plazos artificiales. Apuestas que sean suficientemente reales como para importar. Responsabilidad ante alguien cuya opinión te importa. Una imagen clara de por qué esta cosa concreta importa en el contexto del tiempo finito que realmente tienes.

No son trucos. Son maneras de darle al cerebro con TDAH lo que necesita para comprometerse con el futuro antes de que el futuro ya esté ardiendo.

TU PRÁCTICA
Ejercicios estoicos de 2 minutos

Práctica 12.1: El minuto de la mortalidad (una vez, en serio)

Esta práctica te pide algo, así que léela antes de decidir si hacerla.

Encuentra cinco minutos a solas. Sin móvil. Luego responde esta pregunta por escrito, con la mayor especificidad y honestidad que puedas:

La pregunta
Si me quedara un año de vida, ¿en qué dejaría de gastar tiempo? ¿Qué empezaría a hacer? ¿Qué me aseguraría de que ocurriera?

No es un ejercicio de lista de deseos. Es una clarificación de valores. Las respuestas tienden a ser sorprendentemente específicas, y sorprendentemente consistentes con lo que ya sabes que importa. El encuadre de la mortalidad simplemente elimina el aplazamiento cómodo.

Lee lo que escribiste. Luego pregúntate: ¿qué hay en esta lista que podría empezar o dejar esta semana?

Práctica 12.2: Haz el futuro concreto (5 minutos, una vez a la semana)

Elige una cosa que esté llegando en las próximas dos a cuatro semanas que te importe. Luego pasa cinco minutos haciéndola sensorial y específica.

- Escribe tres frases sobre cómo se verá, sonará o se sentirá cuando ocurra.
- Escribe una frase sobre por qué te importa específicamente a ti.
- Escribe una cosa que harás hoy que te acerque a ella.

No estás planificando. Estás haciendo que el futuro sea suficientemente real para sentirlo. El tercer paso es el que realmente une el sistema de tiempo en dos modos, porque crea una acción ahora conectada a un resultado no-ahora.

Práctica 12.3: El cierre diario (2 minutos, al final del día)

La práctica de Séneca de equilibrar las cuentas, adaptada para el TDAH:

1. Una cosa que ocurrió hoy que importó.
2. Una cosa que quedó sin hacer y que necesita pasar a mañana.
3. Una cosa sobre mañana que tengo en mente.

Tres viñetas. Dos minutos. El objetivo no es una revisión exhaustiva. Es continuidad. Darle al cerebro con TDAH un hilo que vaya de hoy a mañana, en lugar de la ruptura limpia que hace que cada mañana se sienta como empezar desde cero.

Séneca escribió que deberíamos tratar cada día como una vida pequeña. Completa en sí misma, pero conectada a lo que viene antes y después. Para un cerebro que vive principalmente en el ahora, construir ese hilo no es opcional. Es la práctica.

CAPÍTULO 13

Amar cómo funcionas

El amor fati, la aceptación radical y construir una vida que se ajuste a tu cerebro real

---

Hay una expresión latina que Nietzsche tomó prestada de los estoicos y popularizó, aunque los estoicos llevaban siglos viviéndola antes de que él llegara.

Amor fati. Amor al destino.

No tolerancia del destino. No aceptación a regañadientes del destino. Amor.

Si tienes TDAH, tu primera reacción a esa expresión podría estar entre la confusión y la leve irritación. ¿Amor por lo que hizo que el colegio se sintiera como una trampa, que te costó trabajos, que dañó relaciones, que te dejó sintiéndote durante años como si estuvieras fracasando fundamentalmente en lo de ser persona?

Eso parece mucho pedir.

Así que seamos precisos sobre lo que el amor fati significa en realidad, porque no es lo que parece desde fuera.

Lo que el amor fati NO es

El amor fati no es pretender que todo está bien. No es un bypass espiritual que insiste en que tus dificultades no son reales. No es la positividad tóxica de encontrar un rayo de luz en cada contratiempo.

Marco Aurelio, que vivió la filosofía con más seriedad que nadie, no amó la muerte de sus hijos. No amó las guerras que se vio obligado a librar. No amó las traiciones políticas que soportó. Lloró. Sufrió. Escribió sobre ello.

Lo que practicaba era algo más específico y más exigente: aceptar la realidad como punto de partida para todo lo demás. No luchar contra el hecho de lo que había ocurrido. Trabajar desde lo que era verdad de verdad en lugar de desde lo que desearía que fuera verdad.

> *"Acepta las cosas a las que el destino te une, y ama a las personas con las que el destino te reúne, y hazlo con todo tu corazón."*
> **— Marco Aurelio, Meditaciones**

Acepta y ama están haciendo trabajo diferente en esa frase. Aceptar se aplica a las circunstancias. Amar se aplica a las personas. Al estoico no se le pide que ame cada dificultad. Se le pide que deje de luchar contra la realidad de ella, y que traiga un cuidado genuino a las relaciones humanas dentro de ella.

Para el TDAH, esa distinción lo es todo.

El agotamiento de luchar contra tu propio cerebro

Una de las experiencias más comunes de los adultos con TDAH, especialmente los diagnosticados tardíamente, es el agotamiento de haber pasado años intentando ser otro tipo de persona.

No solo esforzarse más. Intentar ser neurológicamente diferente. Intentar sostener la atención como lo hacen las personas neurotípicas. Intentar mantener sistemas diseñados para otro tipo de mente. Intentar cumplir expectativas construidas sobre suposiciones que nunca fueron ciertas para ti.

Ese esfuerzo es enorme. Y en gran medida es un desperdicio, no porque el intentar no importe, sino porque está dirigido al objetivo equivocado. No puedes cambiar tu neurología a base de fuerza de voluntad. Sí puedes cambiar cómo trabajas con ella.

Ese desplazamiento, de luchar contra tu cerebro a trabajar con él, es lo que el amor fati parece en la práctica para las personas con TDAH. No es rendirse. Es redirigir cantidades enormes de energía hacia estrategias que realmente se ajustan al cerebro que tienes.

El reencuadre

La aceptación no es lo contrario del esfuerzo. Es la condición previa para el esfuerzo que funciona. No puedes construir una vida efectiva sobre una imagen falsa de quién eres. El amor fati empieza por tener la imagen correcta.

Lo que tu cerebro necesita realmente

La práctica estoica del autoconocimiento, que hemos ido construyendo a lo largo de este libro, lleva aquí: a una imagen clara de qué condiciones necesita realmente tu cerebro para funcionar bien, frente a qué condiciones te han dicho que deberías ser capaz de funcionar.

Las personas con TDAH tienden a funcionar significativamente mejor bajo condiciones específicas, y significativamente peor bajo otras. No por debilidad. Por neurología.

Mejor bajo condiciones de: novedad, interés genuino, propósito claro y significativo, estimulación apropiada, flexibilidad en el momento y el entorno, responsabilidad ante alguien a quien le importas, y progreso visible.

Peor bajo condiciones de: tareas repetitivas de baja estimulación, metas ambiguas, horizontes temporales largos sin puntos intermedios, aislamiento, y entornos sin control sobre la entrada sensorial.

La mayoría de las estructuras laborales y vitales convencionales están construidas alrededor de la segunda lista. Eso no es un fracaso personal. Es un desajuste entre un entorno y un cerebro.

El amor fati, aplicado de manera práctica, significa diseñar tu vida para maximizar la primera lista y minimizar la segunda, en la medida en que esté en tu mano. No perfectamente. No de golpe. Pero de manera deliberada, y sin pedir disculpas por el hecho de que necesitas condiciones diferentes a las de la persona de al lado.

Las fortalezas del TDAH que el amor fati revela

Hay algo más que se vuelve visible cuando dejas de luchar contra tu cerebro y empiezas a trabajar con él.

Las mismas características que crean problemas en entornos convencionales también producen cosas que son genuinamente valiosas, y no solo de manera compensatoria. No el premio de consolación de la creatividad a cambio de la incapacidad de hacer la declaración de la renta a tiempo.

El hambre de novedad del cerebro con TDAH impulsa innovación genuina. Su tendencia a hacer conexiones inesperadas produce ideas que el pensamiento lineal se pierde. Su intensidad de compromiso, cuando aterriza en lo correcto, produce un trabajo de una calidad que el esfuerzo moderado sostenido rara vez alcanza. Su sensibilidad a la injusticia y su empatía hacia las personas que están pasándolo mal vienen del mismo sintonizamiento emocional que hace la regulación difícil.

No son giros sobre una situación mala. Son reales. Y el amor fati es en parte la práctica de sostener todo ello junto, las dificultades genuinas y las fortalezas genuinas, y construir una vida que haga un uso honesto de ambas.

> *"No pierdas más tiempo discutiendo sobre cómo debe ser un hombre bueno. Sé uno."*
> **— Marco Aurelio, Meditaciones**

La discusión, en este contexto, es la negociación interna interminable sobre qué tipo de cerebro deberías tener. El ser es lo que ocurre cuando tomas el cerebro que tienes y construyes desde él la mejor vida posible.

Esa es la instrucción completa. Simple en teoría y que requiere todo en la práctica.

TU PRÁCTICA
Ejercicios estoicos de 2 minutos

Práctica 13.1: La auditoría de condiciones (2 minutos)

Escribe dos listas con la mayor honestidad que puedas.

Condiciones en las que mi cerebro funciona bien:

Piensa en momentos específicos en que fuiste genuinamente productivo, comprometido o efectivo. ¿Qué estaba presente? ¿Qué estaba ausente?

Condiciones en las que mi cerebro consistentemente lucha:

Piensa en situaciones recurrentes que fiablemente te drenan o te bloquean. ¿Qué tienen en común?

Luego pregúntate: de las cosas en la segunda lista, ¿cuáles son realmente cambiables? ¿Qué ajuste podrías hacer esta semana para cambiar las condiciones aunque sea ligeramente?

Práctica 13.2: El reencuadre del amor fati (cuando lo necesites)

Cuando notes que estás en lucha contra tu propio cerebro, prueba con una sola pregunta:

> **Pregúntate**
>
> ¿Cómo sería trabajar con esto en lugar de contra ello? No para arreglarlo. No para superarlo. Para construir algo que se ajuste a ello.

La respuesta no siempre está disponible de inmediato. Pero la pregunta en sí desplaza la dirección del esfuerzo. De la resistencia al diseño. Ese desplazamiento es el amor fati en la práctica.

Práctica 13.3: El inventario honesto de fortalezas (una vez)

Escribe tres cosas que hagas genuinamente bien que estén conectadas a cómo funciona tu cerebro. No cosas que desearías hacer bien. Cosas que realmente haces.

Sé específico. No creativo, sino que detectas patrones que otros se pierden. No empático, sino que sabes cuando alguien en la sala no está bien antes de que lo diga.

Luego pregúntate: ¿estoy construyendo una vida que usa estas cosas? Si no es así, ¿dónde podría usarlas en algún sitio?

Esto no es pensamiento positivo. Es inventario preciso. El amor fati requiere los dos lados del balance.

CAPÍTULO 14

Planificar el fracaso

La premeditatio malorum, la visualización negativa y por qué imaginar lo peor es lo más práctico que puedes hacer

---

Hay una práctica estoica que suena, a primera oída, como lo último que debería hacer alguien con una mente ansiosa o hiperactiva.

Se llama premeditatio malorum. La premeditación de la adversidad. Antes de que ocurra algo importante, imaginas deliberadamente qué puede salir mal.

Con especificidad. Con viveza. Con detalle.

Si tu instinto es que eso empeoraría las cosas, no las mejoraría, estás en buena compañía. La mayoría de la gente tiene ese instinto. Y la mayoría de la gente se equivoca al respecto, por razones que resultan ser profundamente relevantes para la experiencia del TDAH.

Por qué los estoicos practicaban la visualización negativa

Los estoicos no eran pesimistas. Eran realistas que observaron algo importante: la mayor parte del sufrimiento humano no viene de que ocurran cosas malas. Viene de la brecha entre lo que esperábamos y lo que realmente ocurrió.

Cuando has ensayado mentalmente una dificultad de antemano,

llega con menos shock. Ya has pensado en cómo responderías. Ya has identificado los recursos que necesitarías. El elemento sorpresa, que es a menudo lo que convierte un problema manejable en una crisis, se ha reducido.

Esto no es lo mismo que preocuparse. La preocupación es pasiva y repetitiva. Rodea el resultado temido sin examinarlo jamás con claridad. La premeditatio malorum es activa y estructurada. Miras directamente al posible fracaso, piensas en qué harías en realidad, y luego sigues adelante.

> *"Preparemos nuestras mentes como si hubiéramos llegado al final mismo de la vida. No aplaces nada."*
> **— Séneca, Cartas a Lucilio**

Séneca no sugiere que vivas en el pavor. Sugiere que la persona que se ha preparado mentalmente para la dificultad es más libre, no menos, porque no está gastando energía en la evitación inconsciente de pensar en lo que podría salir mal.

Por qué esto es especialmente útil para el TDAH

Para los cerebros con TDAH, la premeditatio malorum aborda dos problemas específicos que la planificación convencional no resuelve.

El primero es la falacia de la planificación. Las personas con TDAH tienden a subestimar cuánto tiempo llevarán las cosas, cuántas cosas pueden salir mal y cuánta energía requerirán realmente las tareas. No porque sean malos planificadores en teoría. Sino porque planificar requiere proyectarse uno mismo hacia el futuro, y como vimos en el capítulo doce, los cerebros con TDAH hacen esto de manera menos fiable que los neurotípicos.

La visualización negativa fuerza esa proyección futura. Al imaginar deliberadamente qué puede salir mal, estás haciendo exactamente el trabajo cognitivo que el TDAH tiende a saltarse: hacer el futuro suficientemente real como para planificarlo.

El segundo problema es el miedo al fracaso que produce evitación. Muchas personas con TDAH evitan empezar cosas en parte porque el posible fracaso se siente insuperable, y es mejor no intentarlo que descubrirlo. La premeditatio malorum, hecha con cuidado, revela que el resultado temido es casi siempre más superable de lo que la evitación asume.

La distinción clave

La premeditatio malorum no es catastrofizar. Catastrofizar espirala: la cosa mala ocurre, luego vienen cosas peores, luego todo se derrumba. La premeditatio malorum está acotada: ¿cuál es el peor caso realista, y qué haría? La segunda pregunta es la que el catastrofizar nunca alcanza.

La estructura práctica

La visualización negativa efectiva tiene una estructura. Sin ella, la práctica sí se inclina hacia la ansiedad. Con ella, es genuinamente útil.

La estructura tiene tres pasos.

Paso uno: identifica el resultado específico que temes. No una sensación vaga de que las cosas podrían ir mal. La cosa específica. Llegaré tarde y causaré mala impresión. Empezaré y no terminaré y me sentiré avergonzado. El trabajo será rechazado y entraré en espiral.

Paso dos: examínalo honestamente. ¿Qué probabilidad tiene en realidad? ¿Qué ocurriría de verdad si sucediera? ¿He sobrevivido a cosas parecidas antes? ¿Qué recursos tendría disponibles?

Paso tres: decide qué harías si ocurriera. No cómo te sentirías. Qué harías. Este es el paso que convierte el resultado temido de un pavor vago en un escenario manejable.

Después del paso tres, sigues adelante. La práctica está completa. Has mirado la cosa de frente, la has entendido, te has preparado para ella y ahora actúas de todas formas.

Aplicada a los fracasos específicos del TDAH

La aplicación más valiosa de esta práctica para las personas con TDAH es en torno a los fracasos que tienden a repetirse. No contratiempos aleatorios, sino los patrones.

Empiezas proyectos y no los terminas. Olvidas cosas importantes a pesar de tus buenas intenciones. Te comprometes con más de lo que puedes sostener. Pierdes el foco en momentos críticos. Reaccionas con demasiada fuerza y dañas algo que querías proteger.

No son misterios. Sabes que ocurren. La premeditatio malorum aplicada a tus propios patrones suena así: sé que alrededor de la tercera semana de un proyecto nuevo, mi interés típicamente cae y me arriesgo a abandonarlo. ¿Qué haré cuando eso ocurra?

No si. Cuando. La planificación estoica asume que la dificultad viene, porque la experiencia te dice que viene. La pregunta es solo qué harás cuando llegue.

Ese desplazamiento de la sorpresa a la preparación cambia por completo la textura de la experiencia cuando llega. No estás fracasando de nuevo. Estás encontrando la cosa para la que ya te habías preparado.

> *"Ensáyalos en tu mente: el exilio, la tortura, la guerra, el naufragio. Todos los términos de nuestra condición humana deben estar ante nuestros ojos."*
> **— Séneca, Cartas a Lucilio**

La lista de Séneca es dramática. La tuya puede ser más mundana. El olvido. El comienzo tardío. El sistema abandonado. El sobrecompromiso. Esos son los naufragios de la vida con TDAH, y merecen ser ensayados exactamente como Séneca describe.

TU PRÁCTICA
Ejercicios estoicos de 2 minutos

Práctica 14.1: La premeditación en tres pasos (2 minutos, antes de cualquier cosa importante)

Antes de una tarea, evento o compromiso que estés evitando o que te genere ansiedad, recorre los tres pasos:

- ¿Qué temo específicamente que salga mal?
- ¿Qué probabilidad tiene en realidad? ¿He sobrevivido a algo así antes? ¿Qué ocurriría de verdad?

- ¿Qué haría si ocurriera? Específicamente. Una acción.

Escribe las respuestas, aunque sea brevemente. Escribirlas importa porque el cerebro con TDAH se saltará el paso tres si se le deja. El paso tres es donde la práctica se vuelve útil.

Práctica 14.2: La premeditación del patrón (una vez al mes)

Elige un patrón recurrente del TDAH que tienda a crear problemas. El que más desearías haber manejado de manera diferente.

Luego escribe: la próxima vez que esto ocurra, que ocurrirá, esto es exactamente lo que haré.

> **Ejemplo**
>
> Patrón: me comprometo con cosas que no puedo sostener y luego desaparezco cuando no puedo cumplir. Premeditación: cuando sienta el impulso de decir que sí a algo de lo que no estoy seguro, diré necesito comprobar mi capacidad y volverte a decir mañana. Ese es mi único movimiento.

Un movimiento. Específico. Escrito. Es suficiente. No estás rediseñando tu carácter. Estás instalando una respuesta preparada para una situación recurrente.

Práctica 14.3: La prueba de supervivencia (cuando la necesites)

Cuando estés evitando algo porque el resultado temido se siente insuperable, hazte estas tres preguntas por escrito:

- ¿Cuál es el peor resultado realista, no la fantasía catastrófica, el realista?
- ¿He sobrevivido a algo comparable antes?
- ¿Qué es una cosa que haría al otro lado de ello?

La tercera pregunta es la que rompe la evitación. Porque en cuanto puedes verte al otro lado del resultado temido haciendo algo, ya no es el fin de todo. Es un evento en una vida que continúa.

Eso no es tranquilizarte. Es precisión. Y la precisión era siempre lo que buscaban los estoicos.

CAPÍTULO 15

Menos decisiones, más claridad

La virtud estoica, el agotamiento de decisiones y por qué saber qué defiendes es lo más práctico que puedes hacer

---

Cada decisión que tomas tiene un coste. No de dinero. De energía. El recurso cognitivo que los psicólogos llaman capacidad de toma de decisiones, y que se agota a lo largo del día como una batería bajo carga.

Esto importa para todo el mundo. Importa más para las personas con TDAH.

Porque el cerebro con TDAH ya lleva más carga cognitiva que la media: gestionar la atención, inhibir los impulsos, regular las emociones, rastrear el tiempo, sostener la memoria de trabajo, todo ello de manera simultánea y con menos eficiencia neurológica que los cerebros neurotípicos. Añadir a eso un alto volumen de decisiones cotidianas no es un acto neutro. Acelera el agotamiento.

El resultado es familiar: a media tarde, o a veces antes, la capacidad para tomar buenas decisiones ha caído notablemente. Dices que sí a cosas que deberías declinar. Eliges la opción fácil en lugar de la correcta. Reaccionas en lugar de responder. Haces lo urgente en lugar de lo importante.

Esto no es debilidad. Es infraestructura cognitiva agotada.

Lo que los estoicos descubrieron sobre los valores y las decisiones

Los estoicos llegaron a una solución a este problema no a través de la neurociencia, que no existía, sino a través de la observación cuidadosa de cómo viven bien las personas.

Su observación era esta: las personas que viven bien no toman la mayoría de sus decisiones de cero. Ya han decidido, a un nivel profundo, qué tipo de persona quieren ser y qué defienden. Y cuando surge una situación, no tienen que razonar desde el principio. Consultan la decisión que ya estaba tomada.

Eso es lo que los estoicos entendían por virtud. No un conjunto de reglas morales a seguir. Una orientación asentada hacia lo que importa, desde la que fluyen naturalmente las decisiones individuales.

> *"Si sabes qué eres, las acciones correctas se siguen. Si no sabes qué eres, cada situación es un problema nuevo."*
> **— Epicteto, Discursos**

Para las personas con TDAH, donde el agotamiento de decisiones llega antes y golpea más fuerte, este hallazgo no es filosofía abstracta. Es una estrategia cognitiva práctica. Cuantas menos decisiones originales tenga que generar tu cerebro desde cero, más capacidad retiene para las cosas que genuinamente requieren pensamiento fresco.

Las cuatro virtudes estoicas, traducidas

Los estoicos organizaron sus valores en torno a cuatro virtudes cardinales. El lenguaje es antiguo, pero el contenido es relevante.

Prudencia: saber qué es realmente verdad y qué importa realmente, en lugar de lo que se siente urgente o lo que otras personas dicen que es importante. Para el TDAH, es la capacidad de distinguir entre lo genuinamente importante y lo meramente estimulante.

Valentía: hacer lo que sabes que es correcto incluso cuando es incómodo, incluido ser honesto sobre tus limitaciones, pedir lo que necesitas e intentarlo de nuevo tras el fracaso.

Justicia: tratar a los demás con equidad y tomar en serio tu impacto en las personas que te rodean, incluido el impacto de los comportamientos del TDAH en quienes viven y trabajan contigo.

Templanza: no la privación, sino la proporción. Ajustar tu respuesta al tamaño real de la situación. Ni demasiado ni demasiado poco. Para el TDAH, esta es una de las virtudes más relevantes y una de las más difíciles.

Un ejercicio útil

Toma cada virtud y pregúntate: ¿cómo sería esto en una situación recurrente específica de mi vida? No en general. En una situación específica. Cuanto más concreta se vuelve la virtud, más disponible está cuando la necesitas.

La predecisión como estrategia para el TDAH

La aplicación práctica de la virtud estoica para el TDAH es lo que algunos psicólogos llaman predecisión: tomar ciertas decisiones por adelantado, cuando tus recursos cognitivos son altos, para no tener que tomarlas de nuevo bajo carga.

No es una idea nueva. Los estoicos la practicaban como algo natural. Marco Aurelio escribió sobre saber de antemano cómo pretendía responder a provocaciones comunes. Epicteto enseñaba a sus alumnos a decidir antes de entrar en situaciones difíciles qué requerían de ellos sus valores.

Para el TDAH, la predecisión cubre un rango sorprendentemente amplio de la vida cotidiana. Cosas como: no reviso el correo antes de las nueve de la mañana. No acepto nuevos compromisos el mismo día en que se proponen. Cuando me siento desbordado, mi primer movimiento siempre es escribir lo que tengo en la cabeza antes de intentar actuar sobre nada de ello.

Ninguna de estas son reglas impuestas desde fuera. Son decisiones tomadas por adelantado por alguien que conoce sus propios patrones y ha elegido, de manera deliberada, cómo responder a ellos. Eso es la virtud estoica hecha operativa.

El impuesto del TDAH y qué hacer al respecto

Hay un concepto en la comunidad del TDAH llamado el impuesto del TDAH: el tiempo, el dinero, la energía y las oportunidades adicionales que la condición cuesta. Recargos por facturas olvidadas. Relaciones tensadas por comportamientos reactivos. Carreras limitadas por retos de función ejecutiva. El peso acumulado de un cerebro que requiere más gestión que la mayoría.

La respuesta estoica al impuesto del TDAH no es pretender que no existe. Existe. Es construir el tipo de estructura basada en valores que reduce las decisiones tomadas bajo agotamiento, que es donde se recauda la mayor parte del impuesto.

La mayoría de los errores costosos en la vida con TDAH, el gasto impulsivo, las palabras descuidadas, los compromisos abandonados, no ocurren porque la persona no sepa hacerlo mejor, sino porque tomó la decisión cuando sus recursos cognitivos ya estaban agotados. La estrategia estoica es predecir tanto como sea posible, para que el cerebro agotado tenga menos decisiones originales que tomar y más terreno predecidido sobre el que estar.

> *"Primero dite a ti mismo qué quieres ser; y luego haz lo que tengas que hacer."*
> **— Epicteto, Discursos**

Qué quieres ser. No qué deberías hacer en esta situación. Qué tipo de persona eres. Ese conocimiento viene primero. Y para las personas con TDAH, donde la situación en sí puede ser suficientemente abrumadora como para desplazar todo lo demás, tener ese conocimiento ya asentado no es un lujo. Es una necesidad funcional.

Valores pequeños, decisiones cotidianas

Las virtudes estoicas suenan grandes. Prudencia. Valentía. Justicia. Templanza. Suenan como las cualidades de senadores y filósofos.

En la práctica, operan a la escala de los días ordinarios. La valentía de decirle a alguien que necesitas más tiempo. La prudencia de reconocer que el proyecto nuevo e interesante no es en realidad el más importante ahora mismo. La justicia de cumplir un compromiso incluso cuando la emoción inicial se ha disipado. La templanza de detenerse en suficiente en lugar de continuar hasta el agotamiento.

No son grandes actos. Son pequeños movimientos cotidianos. Y se componen.

A lo largo de una semana de pequeñas decisiones estoicas, empiezas a notar que tu energía se gasta de manera diferente. No porque tengas más. Porque desperdicias menos en decisiones que ya estaban tomadas.

TU PRÁCTICA
Ejercicios estoicos de 2 minutos

Práctica 15.1: Tus tres normas no negociables (2 minutos, una vez)

Escribe tres reglas personales que seguirás independientemente de lo agotado que te sientas. Deben ser respuestas predecididas a tus errores costosos más comunes.

Deben seguir este formato: cuando ocurra X, siempre hago Y.

Ejemplos

Cuando alguien me pide que me comprometa con algo nuevo, siempre espero 24 horas antes de decir que sí. Cuando me siento desbordado, siempre escribo lo que tengo en la cabeza antes de hacer cualquier otra cosa. Cuando tengo un impulso de rabia en un mensaje o correo, siempre espero una hora antes de enviarlo.

Tres reglas. Escritas. En algún sitio donde las veas. Estas son tus predecisiones. No son reglas que alguien más haya hecho para ti. Son decisiones que tú tomaste para ti mismo, por adelantado, cuando pensabas con claridad.

Práctica 15.2: El punto de control de la virtud (2 minutos, semanal)

Una vez a la semana, elige una de las cuatro virtudes estoicas y pregúntate cómo apareció en tu semana.

- Prudencia: ¿distinguí entre lo que se sentía urgente y lo que importaba de verdad?
- Valentía: ¿hice lo que sabía que era correcto cuando era incómodo?
- Justicia: ¿tomé en serio mi impacto en las personas que me rodean?
- Templanza: ¿ajusté mi respuesta al tamaño real de la situación?

Una virtud por semana. No las cuatro a la vez. Estás construyendo una práctica, no completando una lista de verificación.

Práctica 15.3: El triaje de decisiones (cuando lo necesites)

Cuando te enfrentes a múltiples decisiones y te sientas agotado, haz un triaje rápido antes de ocuparte de ninguna:

- ¿Cuáles de estas ya las he predecidido? Aplica la regla y

sigue adelante.

- ¿Cuáles necesitan genuinamente pensamiento fresco? Estas obtienen mi atención ahora.
- ¿Cuáles pueden esperar hasta que tenga más capacidad? Prográmalas y deja de pensar en ellas.

La mayoría de las personas con TDAH tratan todas las decisiones como igualmente urgentes e igualmente nuevas. El triaje revela que la mayoría no lo son. Esa claridad sola reduce considerablemente la carga cognitiva.

Los estoicos llamaban a esto distinguir entre lo que depende de ti y lo que no. El triaje es el mismo movimiento, aplicado a tu pila diaria de decisiones.

CAPÍTULO 16

El entorno es la estrategia

Epicteto sobre lo que está en tu mano, y por qué diseñar tu entorno es el acto más estoico que puedes hacer

---

Epicteto empezó con casi nada.

Nació en la esclavitud, sufrió una lesión física que le dejó una discapacidad permanente, y pasó los primeros años de su vida sin control sobre adónde iba, qué hacía ni quién se le permitía ser.

Y desde esa posición construyó una de las filosofías de autodeterminación más influyentes de la historia humana.

La lección que extrajo de sus propias circunstancias no fue que el mundo exterior no importa. Claramente importa. Fue algo más preciso: no siempre puedes controlar lo que hace el mundo, pero casi siempre puedes controlar cómo organizas tu relación con él.

Para las personas con TDAH, ese hallazgo tiene una aplicación muy práctica. No puedes cambiar tu neurología. Pero sí puedes cambiar tu entorno. Y cambiar el entorno es, en muchos casos, más efectivo que intentar cambiar directamente el comportamiento.

Por qué el entorno importa más para los cerebros con TDAH

Los cerebros neurotípicos tienen un acceso más fiable al control de arriba abajo. Pueden, con esfuerzo e intención, anular las distracciones del entorno, sostener la atención durante períodos de baja estimulación e iniciar tareas incluso cuando las condiciones no son ideales.

Los cerebros con TDAH dependen más de la activación de abajo arriba. El entorno en sí tiene que hacer más trabajo. Un entorno bien diseñado puede hacer que el comportamiento correcto sea significativamente más fácil. Uno mal diseñado lo hace casi imposible, independientemente de cuánto quiera hacerlo mejor la persona.

Esto no es una excusa para evitar el esfuerzo. Es una descripción de cómo funciona realmente el cerebro con TDAH, y diseñar en torno a ello no es hacer trampa. Es trabajar con la naturaleza que tienes. Que, como hemos establecido, es todo el proyecto estoico.

El hallazgo clave

Para los cerebros neurotípicos, la fuerza de voluntad es la herramienta principal y el entorno es el respaldo. Para los cerebros con TDAH, el entorno es la herramienta principal y la fuerza de voluntad es lo que usas cuando el entorno falla. Invertir esta prioridad lo cambia todo.

Lo que Epicteto diría sobre tu escritorio

Epicteto dividía el mundo en cosas que dependen de nosotros y cosas que no. Pero también tenía claro que dentro de la categoría de las que dependen de nosotros, tenemos un margen considerable, y debemos usarlo de manera deliberada.

Tu entorno físico depende, en medida significativa, de ti. No del todo. No siempre eliges tu lugar de trabajo o tu hogar. Pero dentro de cualquier espacio que habites, casi siempre hay más margen para el diseño intencional del que la mayoría de la gente usa.

¿Qué hay en tu escritorio? ¿Qué ves cuando te sientas a trabajar? ¿Qué sonidos te llegan? ¿A qué temperatura estás? ¿Cuánto de lo que puedes ver está relacionado con lo que intentas hacer, y cuánto compite por tu atención?

Estas no son preguntas triviales para un cerebro con TDAH. Son la diferencia entre una mañana que fluye y una que no.

> *"Haz el mejor uso de lo que está en tu poder y toma el resto como es."*
> **— Epicteto, Enquiridión**

Hacer el mejor uso de lo que está en tu poder incluye hacer el mejor uso de tu capacidad de dar forma al espacio que te rodea. Eso no es algo menor. Para muchas personas con TDAH, es la intervención de mayor impacto disponible.

La fricción como herramienta de diseño

La psicología conductual tiene un concepto llamado fricción: la facilidad o dificultad de realizar un comportamiento. Alta fricción significa que hay obstáculos en el camino. Baja fricción significa que el camino está despejado.

Para el TDAH, gestionar la fricción es una de las estrategias de entorno más poderosas disponibles. No a través de la fuerza de voluntad, sino a través del diseño.

Quieres reducir la fricción para los comportamientos que te sirven. Pon el libro que quieres leer en la almohada. Pon las vitaminas junto a la cafetera. Pon las zapatillas de deporte junto a la puerta. Haz que lo correcto sea lo fácil, porque cuando tu sistema de iniciación es poco fiable, lo fácil es lo que ocurre.

Quieres aumentar la fricción para los comportamientos que no te sirven. Pon el móvil en otra habitación cuando necesites concentrarte. Cierra sesión en las redes sociales para que abrirlas requiera un paso extra. Crea distancia entre tú y el impulso. El cerebro con TDAH a menudo abandonará un impulso si el camino hacia él es ligeramente más largo, porque el impulso desaparece más rápido que la fricción.

Esto no es un truco. Es ingeniería. Estás diseñando las condiciones bajo las cuales opera tu cerebro, en lugar de esperar que tu cerebro supere las condiciones mediante el esfuerzo solo.

El hogar y el espacio de trabajo estoicos

Marco Aurelio era conocido por la deliberada sencillez de sus espacios personales. Era emperador de Roma y podría haberse rodeado de cualquier cosa. Eligió entornos que favorecían la reflexión y el foco en lugar de la estimulación y la ostentación.

No era ascetismo por el ascetismo. Era diseño. Sabía que su mejor pensamiento requería ciertas condiciones, y creaba esas condiciones en lugar de esperar que aparecieran.

Para las personas con TDAH, la práctica equivalente es personal y específica. Lo que tu cerebro necesita no es lo mismo que lo que necesita el de cualquier otra persona. Algunos cerebros con TDAH rinden mejor en cafeterías con ruido de fondo. Otros necesitan silencio completo. Algunos necesitan orden visual para pensar. Otros trabajan mejor en lo que para todos los demás parece caos, pero que tiene una lógica interna que solo ellos pueden navegar.

La práctica estoica no es copiar el entorno de otra persona. Es entender tu propio cerebro lo suficientemente bien como para diseñar para él de manera deliberada. Ese entendimiento viene de la observación honesta, no de lo que los libros de productividad digan que debe ser un espacio de trabajo.

Las personas como entorno

El entorno no es solo físico. Las personas con las que pasas el tiempo son parte del entorno en el que opera tu cerebro. Y para los cerebros con TDAH, el entorno social tiene un efecto desproporcionado en el funcionamiento.

Los compañeros de responsabilidad funcionan para el TDAH porque la presencia de otra persona activa un sistema de motivación diferente al de la intención autodirigida. El body doubling, la práctica de trabajar junto a alguien más aunque sea sin interacción, reduce la procrastinación en muchas personas con TDAH de maneras que el esfuerzo en solitario no puede replicar.

Los estoicos lo entendían. Recomendaban de manera consistente elegir la compañía con cuidado, no por razones sociales, sino porque las personas que te rodean dan forma a la calidad de tu pensamiento y a los estándares que te exiges.

> *"Frecuenta la compañía de quienes puedan mejorarte. Acoge a los que sean capaces de hacerte mejor."*
> **— Séneca, Cartas a Lucilio**

Séneca no es elitista. Es preciso. Las personas con las que más tiempo pasas forman parte de tu entorno cognitivo y emocional. Para un cerebro con TDAH que es más sensible a las condiciones externas que la mayoría, eso no es una observación suave. Es una observación práctica.

TU PRÁCTICA
Ejercicios estoicos de 2 minutos

Práctica 16.1: La auditoría de fricción (10 minutos, una vez)

Repasa tus fracasos cotidianos más comunes, no los dramáticos, los pequeños y recurrentes. Para cada uno, pregúntate:

- ¿Qué hace esto más difícil de lo necesario? ¿Qué fricción se interpone en el comportamiento correcto?
- ¿Qué hace la alternativa poco útil más fácil? ¿Qué fricción falta?

Luego haz un cambio de entorno para cada fracaso. Solo uno, por fracaso. Pequeño y específico.

Ejemplo
Fracaso: no tomo la medicación de manera consistente. Análisis de fricción: está en el botiquín, que no siempre abro por la mañana.

Cambio: la muevo junto a la cafetera, que sí uso siempre.

No estás cambiando el comportamiento. Estás cambiando las condiciones. El comportamiento a menudo sigue por sí solo.

Práctica 16.2: El diseño del entorno de foco (una vez)

Identifica la tarea o tipo de trabajo más importante para ti y más consistentemente difícil de empezar. Luego diseña deliberadamente el entorno para esa tarea.

1. ¿Qué necesita estar visible y accesible?
2. ¿Qué necesita retirarse u ocultarse?
3. ¿Qué condiciones sonoras te funcionan mejor?
4. ¿A qué hora del día es tu sistema de iniciación más fiable?
5. ¿Quién, si alguien, te ayuda a concentrarte con su presencia?

Escribe las respuestas. Luego prepara ese entorno una vez, como es debido. El coste de la preparación es una hora. El retorno es que cada sesión de ese trabajo empiece a partir de ahora en mejores condiciones.

Práctica 16.3: El experimento del body doubling (esta semana)

Elige una tarea que hayas estado evitando de manera consistente. Encuentra un compañero de trabajo: alguien que se siente contigo, en persona o en videollamada, mientras ambos trabajáis de manera independiente.

No hace falta conversación. No hace falta revisión de responsabilidad. Solo la presencia de otra persona mientras trabajas.

Pruébalo una vez. Observa qué ocurre con tu capacidad de empezar y sostener la tarea. Para la mayoría de las personas con TDAH, el efecto es inmediato y sorprendente. Los estoicos no se sorprenderían en absoluto.

CAPÍTULO 17

No estás solo en esto

El cosmopolitismo estoico, la experiencia del diagnóstico tardío y el alivio de pertenecer a una historia más grande

---

Los estoicos tenían un concepto que llamaban cosmopolitismo. Venía de una observación simple: los seres humanos no son solo ciudadanos de su ciudad, su país o su comunidad. Son, en un sentido más profundo, ciudadanos del mundo. Miembros de una sola familia humana.

La palabra cosmopolita viene de dos raíces griegas: cosmos, que significa mundo o universo, y polites, que significa ciudadano. Un cosmopolita es un ciudadano del universo.

Para los estoicos, esto no era un floreo poético. Era una afirmación con implicaciones prácticas. Si todos los seres humanos comparten la misma naturaleza fundamental, entonces nunca estás tan solo como te sientes. Con lo que sea que estés luchando, alguien más ha luchado con ello. Lo que sea que te hace sentir un caso atípico, ha hecho sentir lo mismo a otros.

Para las personas con TDAH, especialmente las que pasaron años sin saber por qué funcionaban de manera diferente a todos los que les rodeaban, esa idea puede aterrizar con una fuerza inesperada.

La experiencia del diagnóstico tardío

Una proporción significativa de adultos con TDAH no fueron diagnosticados en la infancia. Pasaron por el colegio, por la primera etapa adulta, por carreras y relaciones, cargando con una diferencia neurológica que nadie nombró y nadie acomodó.

Lo que acumularon en cambio fue una historia. Una historia sobre por qué eran como eran. Vagos. Poco fiables. Demasiado. Demasiado emocionales. Capaces de más si simplemente se aplicaran.

Esa historia, contada desde fuera y finalmente adoptada desde dentro, se convierte en parte de cómo te entiendes a ti mismo. Y está equivocada. No parcialmente equivocada. Fundamentalmente equivocada en su encuadre. Porque atribuye al carácter lo que es en realidad neurología.

Cuando llega un diagnóstico tardío, hace algo extraño e importante al mismo tiempo. Explica el pasado. Y hace que el pasado sea más difícil de mirar, porque ahora puedes ver con claridad cuánto de la dificultad era innecesaria. Cuánta de la vergüenza era inmerecida. Cuántos de los veredictos se emitieron sin la información relevante.

Esa combinación, alivio y duelo a la vez, es una de las características más distintivas de la experiencia del diagnóstico tardío. Y merece ser nombrada como tal, no gestionada ni apresurada, sino genuinamente reconocida.

No estás atrasado

Un diagnóstico tardío no significa que hayas desperdiciado esos años. Significa que los navegaste sin mapa. Eso no es fracaso. Eso requirió un tipo específico de ingenio que la mayoría de las personas nunca desarrolla, porque nunca lo necesitaron.

Lo que ofrece el cosmopolitismo estoico

La idea cosmopolita hace varias cosas para la persona que carga con el peso de un diagnóstico tardío de TDAH.

Primero, coloca tu experiencia en un contexto más amplio. No eres la única persona que ha pasado décadas sin entender por qué su mente funciona de manera diferente. Millones de personas llevan la misma historia. Eso no borra tu experiencia específica, pero disuelve algo del aislamiento que la rodea.

Segundo, reencuadra el problema de la comparación. Las personas con TDAH a menudo comparan su interior con el exterior de los demás, su caos interno con la aparente competencia ajena, y se encuentran constantemente en desventaja. La lente cosmopolita dice: cada persona con la que te comparas también lleva algo. La apariencia de facilidad casi nunca es la historia completa.

Tercero, apunta hacia la comunidad. No como algo agradable de tener, sino como un recurso genuino para el cerebro con TDAH. Los estoicos valoraban la comunidad filosófica, personas que trabajaban en las mismas cosas que tú, como parte esencial de la práctica. Para las personas con TDAH, la comunidad con otros que comparten la experiencia no es solo apoyo emocional. Es prácticamente útil.

> *"Todos estamos conectados. Entre nosotros y con el todo mayor del que somos parte. La filosofía que no reconoce esto está incompleta."*
> **— Marco Aurelio, Meditaciones**

El valor específico de la comunidad con TDAH

Hay algo que ocurre cuando las personas con TDAH se encuentran entre sí que no ocurre en otros contextos.

Las estrategias que funcionan se comparten sin vergüenza. Los patrones que generan vergüenza se nombran con reconocimiento en lugar de juicio. Los fracasos que serían devastadores confesar en un contexto neurotípico se vuelven, en una sala llena de personas con TDAH, casi graciosos. Casi familiares. Casi una fuente de conexión en lugar de aislamiento.

Ese cambio no es trivial. Es la diferencia entre cargar una dificultad en solitario y cargarla en compañía. El peso es el mismo. La experiencia de cargarlo es completamente diferente.

Los estoicos lo sabían. Practicaban la filosofía en grupos. Se escribían cartas entre sí. Comentaban el progreso y los fracasos del otro con una franqueza que solo viene del compromiso compartido con el mismo trabajo.

Encontrar tu equivalente de eso, el foro de TDAH, el grupo de apoyo, los dos amigos que también tienen el diagnóstico y se reirán contigo de lo que a los dos os ha pasado, no es autocuidado opcional. Es infraestructura.

Tú no eres tu diagnóstico

Un contrapeso necesario a todo lo de este capítulo.

El movimiento cosmopolita estoico es reconocer la humanidad compartida, no reducirse a una categoría. Eres una persona con TDAH. No eres una persona-TDAH, como si el diagnóstico fuera la suma de ti.

El diagnóstico explica ciertos patrones. No determina tu carácter, tu capacidad, tus relaciones ni tu futuro. Los estoicos tenían muy claro que lo que eres en esencia, tu naturaleza fundamental como ser racional y social, no se reduce a tus circunstancias ni a tus dificultades.

Compartes algo con millones de otras personas. También eres completamente singular. Las dos cosas son verdad. La idea cosmopolita sostiene las dos sin colapsar una en la otra.

> *"Confínate al presente."*
> **— Marco Aurelio, Meditaciones**

Esa instrucción, en este contexto, significa: no dejes que el pasado anterior al diagnóstico, los años sin él, la historia acumulada, se derrumbe sobre el momento presente como si determinara lo que viene después. El pasado está fijo. El presente es donde vives de verdad. Y el presente, para cualquiera dispuesto a trabajar con él honestamente, sigue abierto.

TU PRÁCTICA
Ejercicios estoicos de 2 minutos

Práctica 17.1: La reescritura (2 minutos)

Piensa en una historia que te cuentes sobre ti mismo que se formó antes de entender tu TDAH. Una historia sobre por qué eres como eres que usa el encuadre equivocado: vago, descuidado, incapaz.

Ahora reescríbela con el encuadre correcto. No una versión halagadora. Una versión precisa.

Ejemplo

Historia antigua: nunca terminé nada de lo que empecé porque me faltaba disciplina. Reescrita: perdí consistentemente el impulso en los proyectos porque mi sistema dopaminérgico necesita novedad y progreso visible para sostener el compromiso. No estaba fracasando. Estaba usando el combustible equivocado en el motor equivocado.

Escribe la versión reescrita en algún sitio donde la veas. No como un mantra. Como una corrección al registro.

Práctica 17.2: Encuentra a una persona (esta semana)

Encuentra a una persona que también tenga TDAH, o que esté trabajando en entender su propio cerebro, y ten una conversación honesta con ella sobre algo de este libro.

No hace falta un grupo de apoyo necesariamente. No hace falta un acuerdo formal. Solo una conversación, con una persona, sobre una cosa que hayas reconocido en ti mientras leías.

Los estoicos practicaban la filosofía en parejas antes de practicarla en grupos. La conversación es la práctica. No necesita ser un programa.

Práctica 17.3: El recordatorio cosmopolita (cuando lo necesites)

Cuando te sientas más solo en tu experiencia, más atípico, más como si todo el mundo gestionara algo que tú no puedes, prueba con una frase:

> **Di esto**
>
> Alguien, ahora mismo, está con exactamente lo que yo estoy. No soy el primero. No seré el último. No estoy solo en esto.

No es consuelo. Es un hecho. Los estoicos construyeron toda su filosofía social sobre hechos como este. No porque los hechos disuelvan la dificultad, sino porque los hechos precisos crean un terreno más estable sobre el que estar que los distorsionados que la mente aislada tiende a generar.

Eres ciudadano de un mundo más grande que el que hay dentro de tu cabeza. Ese mundo incluye a muchas personas que saben exactamente cómo se siente esto.

CAPÍTULO 18

Relaciones que sobreviven al TDAH

La oikeíosis, el círculo estoico de cuidado y cómo estar en relación sin vergüenza ni fingimiento

---

Los estoicos tenían un concepto llamado oikeíosis, que se traduce aproximadamente como apropiación o afiliación. Describe la tendencia natural humana a sentirse conectado y responsable de las personas que nos rodean.

La idea era que esta tendencia empieza en el yo y se expande hacia fuera: primero hacia la familia inmediata, luego hacia la comunidad más amplia, luego hacia la humanidad en general. No de manera igual en todos los niveles. Pero presente en todos ellos.

Para las personas con TDAH, el mundo relacional a menudo es complicado de maneras específicas. No porque la capacidad de conexión esté ausente. Frecuentemente es muy fuerte. Sino porque las características del TDAH que crean dificultad en otros ámbitos también la crean en las relaciones: la intensidad emocional, el seguimiento inconsistente, la ceguera temporal, la impulsividad, el hiperfoco que puede hacer que alguien se sienta central y luego la pérdida de interés que les hace sentir abandonados.

Este capítulo trata de lo que ofrece el Marco Aurelio estoico para navegar esas complicaciones honestamente.

Los patrones relacionales del TDAH que vale la pena conocer

Antes de llegar a la filosofía, ayuda nombrar los patrones con claridad. Porque las relaciones son donde vive mucha de la vergüenza del TDAH, y la vergüenza prospera con la vaguedad.

Las dificultades relacionales más comunes del TDAH en adultos no son dramáticas. Son acumulativas.

6. Olvidar cosas que importan a la otra persona, aunque genuinamente te importen.
7. Aparecer de manera inconsistente: intensamente presente a veces, aparentemente ausente en otras.
8. Interrumpir, terminar las frases o cambiar de tema antes de que la otra persona se sienta escuchada.
9. Tener dificultades para cumplir compromisos que parecían completamente manejables cuando los hiciste.
10. Reaccionar con más fuerza de la que justificaba la situación y recuperarte más rápido de lo que puede la otra persona.
11. Hiperfocalizarte en una relación nueva al principio y luego, cuando la novedad se asienta, luchar por mantener la misma intensidad.

Nada de esto son defectos de carácter. Son la expresión conductual de retos específicos de función ejecutiva en un contexto relacional. Eso no los hace sin consecuencias. Pero los hace comprensibles. Y comprensible es donde el cambio se vuelve posible.

La distinción importante

Entender por qué haces algo no excusa el impacto en los demás. Te da la información que necesitas para abordarlo honestamente en lugar de gestionarlo con vergüenza, que nunca funciona durante mucho tiempo.

Lo que los estoicos pedían en las relaciones

La visión estoica de las relaciones estaba anclada en el deber y el cuidado genuino, no en la gestión del rendimiento o la reputación.

Epicteto era directo al respecto: tus relaciones requieren que aparezcas como la mejor versión de lo que eres, no como una actuación de lo que alguien más cree que deberías ser. Y aparecer honestamente incluye ser honesto sobre tus limitaciones.

Para las personas con TDAH, eso significa algo específico. Significa contarle a las personas cercanas cómo funciona tu cerebro, no como excusa entregada después del daño, sino como información compartida antes de él, para que las personas que te importan puedan entender con qué están lidiando realmente.

Esa conversación no es fácil. Requiere una vulnerabilidad que muchos adultos con TDAH han aprendido a evitar, porque las experiencias tempranas de ser honestos sobre sus dificultades no siempre fueron bien recibidas. Pero es la única alternativa a una relación construida sobre la ficción agotadora de que funcionas como los demás esperan que lo hagas.

> *"El que no es capaz de cuidarse a sí mismo no puede cuidar a otros. Pero cuidarse a uno mismo primero no significa ignorar a los demás. Significa ser honesto sobre lo que tienes para dar."*
>
> — **Epicteto, Discursos**

La conversación sobre el TDAH que vale la pena tener

En algún momento de cualquier relación cercana, la conversación sobre el TDAH se vuelve necesaria. No una presentación médica exhaustiva. Una conversación humana sobre cómo funciones y lo que eso significa para la otra persona.

La versión estoica de esa conversación tiene tres partes, y merece la pena pensarlas antes de tenerla.

La primera parte es una descripción precisa. Sin catastrofizar, sin minimizar. ¿Qué es verdad de verdad sobre cómo tu TDAH aparece en esta relación? ¿Qué patrones reconoce ya la otra persona, aunque no los haya nombrado?

La segunda parte es responsabilidad genuina. ¿Qué impacto han tenido esos patrones? No de manera defensiva, no con disculpas extendidas, sino con reconocimiento honesto del efecto en la otra persona.

La tercera parte es un compromiso específico. No voy a intentar hacerlo mejor, que es un compromiso con un sentimiento en lugar de con una acción. Sino una cosa específica en la que estás trabajando y una cosa específica que le estás pidiendo.

Esa tercera parte es la más difícil y la más importante. Porque convierte la conversación de una confesión en una colaboración. Y la colaboración es donde las relaciones realmente mejoran.

Pedir lo que necesitas

A las personas con TDAH a menudo les resulta difícil pedir lo que necesitan en las relaciones. En parte porque la historia de vergüenza hace que la necesidad se sienta como debilidad. En parte porque años de no cumplir expectativas han hecho que pedir se sienta presuntuoso.

Los estoicos tenían una posición clara al respecto. Pedir lo que genuinamente necesitas, de manera honesta y específica, no es debilidad. Es la expresión natural de estar en relación con otra persona. También es, en términos prácticos, la única manera de que tus necesidades se cubran sin sufrir en silencio o crear el resentimiento que viene de esperar que otros adivinen.

¿Qué necesitas realmente de las personas cercanas a ti? No en general. Específicamente.

¿Más paciencia con los tiempos inconsistentes? ¿Recordatorios entregados sin juicio? ¿Espacio para moverte mientras tienes una conversación seria? ¿Alguien que te contacte en lugar de esperar a que lo hagas tú? ¿Alguien que no interprete el silencio como indiferencia?

Son cosas razonables que pedir. Y las personas que genuinamente se preocupan por ti prefieren saberlas a pasar años malinterpretando los patrones del TDAH.

La expansión de la oikeíosis

Los estoicos enseñaban que el cuidado genuino de los demás se expande desde los más cercanos hacia fuera. Y tenían claro que esa expansión requiere atención continua, no solo buenas intenciones.

Para el TDAH, cuya energía relacional es a menudo desigual, esa expansión no tiene que ser constante en intensidad. Tiene que ser constante en intención. La diferencia entre olvidar el cumpleaños de un amigo y no preocuparse por el amigo es real e importante. Una es un fallo de función ejecutiva. La otra es un fallo de valores.

Tus relaciones pueden absorber fallos de función ejecutiva, especialmente cuando se entienden y se abordan honestamente. Lo que les cuesta absorber es la sensación de que no importan.

Asegurarte de que las personas que te importan saben que te importan, en cualquier forma de comunicación que funcione para tu cerebro, es la práctica relacional estoica. No perfectamente. No constantemente. Pero con suficiente consistencia como para que la intención sea clara, aunque la ejecución sea imperfecta.

> *"Dondequiera que haya un ser humano, hay una oportunidad de bondad."*
> **— Séneca, Sobre la vida feliz**

TU PRÁCTICA
Ejercicios estoicos de 2 minutos

Práctica 18.1: El inventario relacional honesto (2 minutos)

Elige una relación que te importe y en la que el TDAH haya

creado algo de fricción. Escribe tres cosas:

- Un patrón específico que haya causado dificultad en esta relación.
- El impacto que ese patrón ha tenido probablemente en la otra persona.
- Una cosa específica que podrías hacer o decir esta semana para abordarlo directamente.

No un gran gesto. Una cosa específica. Los estoicos eran prácticos con la reparación. Las acciones pequeñas, honestas y específicas construyen más confianza con el tiempo que las grandes dramáticas.

Práctica 18.2: La conversación sobre el TDAH (cuando estés listo)

Con una persona cercana a ti, ten una versión de la conversación en tres partes descrita en este capítulo.

- Así es como mi TDAH aparece realmente en esta relación. Específico, honesto, sin dramatizar.
- El impacto que eso ha tenido probablemente en ti. Reconocido sin explicación defensiva.
- Una cosa en la que estoy trabajando. Una cosa que te pido a ti.

No tienes que hacer las tres partes en una sola conversación. Empieza con una. Los estoicos valoraban la conversación por encima de la actuación de ella. Una conversación parcial y honesta vale más que una perfecta que nunca ocurre.

Práctica 18.3: La señal consistente

Elige a una persona que te importe. Elige una acción pequeña y recurrente que le comunique que importa, algo que se ajuste a tu cerebro y no requiera planificación para mantener.

> **Ejemplos**
>
> Un mensaje de voz en lugar de un texto, porque se siente más como tú. Una pregunta específica que haces cada vez que habláis. Un plan fijo que no requiere coordinación, porque la coordinación es donde el TDAH deja caer las cosas.

La consistencia importa más que el tamaño del gesto. Una señal pequeña y fiable durante meses dice más que una grande ocasional. Eso es la oikeíosis hecha práctica: el círculo de cuidado, mantenido no por intensidad sino por intención.

CAPÍTULO 19

Obligaciones sin autodestrucción

El kathêkon, la culpa crónica y la diferencia entre la responsabilidad genuina y el peso que nunca acordaste cargar

---

Los estoicos tenían un concepto llamado kathêkon. Se traduce habitualmente como acción apropiada o deber, aunque ninguna traducción lo captura del todo.

Kathêkon significa la acción que es adecuada para quien eres, en las circunstancias en que realmente estás. No la acción que sería adecuada para una versión idealizada de ti. No la que sería adecuada para alguien con limitaciones diferentes. La que es genuinamente apropiada para esta persona, con esta naturaleza, en esta situación.

Para las personas con TDAH, esa distinción no es académica. Es la diferencia entre una vida organizada en torno a la responsabilidad genuina y una organizada en torno a la culpa por no cumplir obligaciones que nunca fueron honestamente tuyas.

El problema de la culpa crónica

La culpa, en dosis apropiadas, es funcional. Señala que has hecho algo que entra en conflicto con tus valores. Motiva la reparación. Mantiene tu integridad en relación con los demás.

La culpa crónica, la que corre de manera continua independientemente de lo que estés haciendo, es diferente. Ya no es una señal. Es ruido de fondo. Y para las personas con TDAH, es extremadamente común.

Viene de décadas de perder cosas, olvidar cosas, no cumplir expectativas que parecían razonables para todo el mundo excepto para la persona con TDAH que trabajaba el doble solo para llegar a la mitad. Viene del peso acumulado de promesas hechas de buena fe y rotas por un cerebro que no podía entregar de manera fiable lo que la boca prometía.

Con el tiempo, esta culpa crónica deja de ser sobre fracasos específicos. Se convierte en una orientación general. Una sensación de que debes más de lo que das, en todas las direcciones, todo el tiempo. De que todo el mundo a tu alrededor está siendo defraudado por tu existencia.

Esa no es una percepción precisa. Es lo que ocurre cuando un cerebro sensible y consciente de sí mismo ha procesado años de expectativas poco realistas sin un Marco Aurelio para distinguir la obligación genuina de la vergüenza prestada.

La distinción que importa

La culpa genuina dice: hice algo específico que entró en conflicto con mis valores. Aquí está lo que puedo hacer para abordarlo. La culpa crónica dice: no soy suficiente en general. No ofrece ninguna acción específica porque no es sobre un fracaso específico. Es sobre identidad. Y está equivocada.

Lo que el kathêkon pide realmente

El concepto estoico de acción apropiada empieza con una evaluación honesta de quién eres y de qué eres realmente capaz. No lo que podrías hacer teóricamente en un día perfecto. Lo que puedes hacer de manera fiable, desde tu punto de partida real, con tu cerebro real, en tus circunstancias reales.

Epicteto era muy claro al respecto. No creía en obligaciones que excedieran la capacidad genuina de una persona. Creía que lo que se te exigía era una función de lo que realmente tenías disponible. Una persona que está enferma no está obligada a rendir al nivel de alguien que está bien. Una persona cuyas funciones ejecutivas son un reto no está obligada a entregar el mismo tipo de rendimiento consistente que alguien cuyas funciones ejecutivas no lo son.

Eso no significa bajar el listón. Significa calibrarlo honestamente. Lo cual es más difícil que subirlo o bajarlo, porque requiere mirar con claridad la brecha entre lo que quieres dar y lo que puedes dar de manera fiable, y ser honesto con las dos.

> *"Haz lo que la naturaleza requiere. Parte inmediatamente si es posible. No mires alrededor para ver si la gente lo sabrá. No esperes la república ideal de Platón, sino conténtate con incluso el más pequeño progreso."*
> **— Marco Aurelio, Meditaciones**

El más pequeño progreso. No la transformación completa. No el rendimiento perfecto. La cosa que es genuinamente posible ahora mismo, desde donde realmente estás.

Para un cerebro que tiende a oscilar entre el todo o nada, entre la fantasía del cambio total y la parálisis de sentirse incapaz de cambiar nada, esa instrucción merece leerse más de una vez.

Obligaciones que nunca acordaste

Una de las cosas más útiles que hace el Marco Aurelio estoico es ayudarte a identificar cuáles obligaciones son genuinas y cuáles te las asignaron las expectativas de otros sin tu consentimiento real.

Las personas con TDAH a menudo cargan con una cantidad muy pesada del segundo tipo. La obligación de funcionar como lo hacen las personas neurotípicas. La obligación de cumplir plazos con la misma facilidad que las personas cuya percepción del tiempo es fiable. La obligación de sostener la atención a voluntad. La obligación de recordar cosas que la memoria de trabajo neurotípica retiene fácilmente.

Ninguna de esas son obligaciones genuinas. Son expectativas construidas sobre una suposición falsa sobre tu neurología. No las acordaste. Simplemente no podías cumplirlas, y luego absorbiste la culpa por el fracaso como si fuera tu culpa que la expectativa estuviera equivocada.

El movimiento estoico es clasificarlas. No abandonar toda responsabilidad. Ser preciso sobre cuáles responsabilidades son genuinamente tuyas y cuáles son expectativas que heredaste de un mundo que no entendía cómo funciona tu cerebro.

Esa clasificación es incómoda. Requiere decir, a veces en voz alta, que parte de lo que has estado sintiendo culpable nunca fue tuyo cargar. Y eso puede sentirse presuntuoso o defensivo, especialmente si lo has cargado durante mucho tiempo.

No lo es. Es precisión. Y la precisión es donde empieza la responsabilidad genuina, el tipo que realmente se mantiene y realmente mejora las cosas.

Lo que sí "debes"

Después de la clasificación, ¿qué queda?

Debes honestidad. Sobre tus limitaciones, tus patrones, tus fracasos cuando ocurren.

Debes esfuerzo genuino. No ejecución perfecta, sino el intento real de hacer lo que dijiste que harías, y el reconocimiento honesto cuando no puedes.

Debes reparación. Cuando tus patrones de TDAH causan daño a personas que te importan, debes el trabajo de enmendar, no a través del autocastigo extendido, sino a través de una acción honesta y específica.

Debes crecimiento continuo. No perfección. La práctica continuada de trabajar con tu cerebro en lugar de contra él, construyendo sistemas, pidiendo ayuda, intentándolo de nuevo después del fracaso.

Ese es un conjunto real de obligaciones. Y es suficiente. No más que suficiente. Suficiente.

Los estoicos llamaban a la persona que cumple sus obligaciones genuinas una persona buena, no una perfecta. El listón nunca fue la perfección. Fue el esfuerzo honesto en la dirección correcta.

Ese listón sí puedes alcanzarlo. Puede que ya lo estés alcanzando, mientras simultáneamente cargas culpa por las obligaciones que nunca fueron tuyas.

Suéltalas. Nunca fueron tuyas para empezar.

TU PRÁCTICA
Ejercicios estoicos de 2 minutos

Práctica 19.1: La clasificación de la culpa (2 minutos)

Escribe las tres cosas de las que te sientes más culpable en tu vida ahora mismo. Luego, para cada una, responde una pregunta:

La pregunta de clasificación
¿Esta culpa es sobre algo que hice genuinamente que entró en conflicto con mis valores? ¿O es sobre no cumplir una expectativa construida sobre una imagen falsa de lo que puedo hacer de manera fiable?

Si es lo primero: ¿cuál es la única acción específica que lo aborda? Hazla.

Si es lo segundo: nombra la expectativa, nombra por qué era poco realista, y practica soltarla. No una vez. Tantas veces como vuelva.

Práctica 19.2: La lista de obligaciones genuinas (2 minutos)

Escribe tus obligaciones reales. No todo lo que sientes que deberías hacer. Las cosas con las que genuinamente te has comprometido y que importan a las personas involucradas.

Luego mira la lista y pregúntate: ¿es esto realista? ¿Puedo

entregar esto de manera fiable, consistentemente, desde mi punto de partida real?

Si la respuesta es no: ¿qué obligación necesita renegociarse, reducirse o cederse? Ten esa conversación esta semana. La renegociación honesta no es fracaso. Fallar silenciosamente en cumplir un compromiso poco realista sí lo es.

Práctica 19.3: La afirmación de suficiencia (diaria)

Al final de cada día esta semana, escribe o di una frase:

Hoy hice lo que genuinamente pude. Eso fue suficiente para hoy.

No todos los días se sentirán suficientes. Dilo de todas formas. Los estoicos practicaban afirmaciones de orientación precisa, no de sentimiento. Con el tiempo, la afirmación precisa da forma al sentimiento, no al revés.

No se te pide que lo creas inmediatamente. Se te pide que lo practiques. Así funciona toda práctica estoica. La creencia sigue a la repetición, lenta y fiablemente, como cualquier otra cosa que valga la pena construir.

CAPÍTULO 20

Una filosofía que no te pide ser otra persona

Integrar la práctica, diseñar tu filosofía mínima diaria y lo que viene después

---

Hemos recorrido mucho terreno.

Empezamos con Marco Aurelio discutiendo consigo mismo en una tienda de campaña militar al amanecer. Pasamos por los mitos sobre el estoicismo, por la neurociencia del TDAH, por la dicotomía del control y el piloto distraído y el problema de los impulsos y la pregunta de cómo meditar cuando no puedes quedarte quieto.

Dedicamos tiempo al rechazo y la vergüenza y la rabia y la ceguera temporal. A amar cómo funcionas y a planificar el fracaso y a predecir tus valores y a diseñar tu entorno y a encontrar tu gente y a navegar tus relaciones y a clasificar tus obligaciones genuinas de la culpa prestada.

Es mucho material. Y si tienes TDAH, hay una probabilidad razonable de que parte de ello aterrizó con claridad y parte pasó de largo y parte no lo recuerdes la semana que viene.

Está bien. Así funciona el TDAH. Y por eso existe este capítulo.

No necesitas todo

Los estoicos no construían un sistema que requiriera dominio completo antes de volverse útil. Construían un conjunto de herramientas, cada una de las cuales podía usarse de manera independiente, cada una de las cuales ofrecía algo de valor por sí sola.

Marco Aurelio volvió a las mismas ideas una y otra vez a lo largo de décadas de escritura, no porque nunca las hubiera entendido, sino porque entenderlas no era lo mismo que vivirlas. La práctica era el regreso. Siempre el regreso.

No necesitas haber absorbido cada capítulo por igual. No necesitas estar aplicando cada práctica de manera simultánea. Lo que necesitas es una o dos ideas que hayan cambiado algo en cómo piensas sobre tu cerebro, y una o dos prácticas que vayas a hacer de verdad.

Eso es suficiente. Es, de hecho, exactamente suficiente.

> *"La perfección del carácter es esto: vivir cada día como si fuera el último, sin frenesí, sin apatía, sin fingimiento."*
> **— Marco Aurelio, Meditaciones**

Sin fingimiento. Esa es la frase que más importa para las personas con TDAH. No la actuación de un tipo de funcionamiento que no tienes. No la ficción agotadora de que trabajas como los demás esperan. Un compromiso honesto y diario con el cerebro que realmente tienes, trayéndole las herramientas que han demostrado ser útiles.

Tu filosofía mínima diaria

Los estoicos tenían prácticas matutinas, prácticas vespertinas y puntos de control a mediodía. Para la mayoría de las personas con TDAH, una rutina diaria estoica completa es tanto atractiva como completamente insostenible.

Seamos realistas. ¿Cuál es el mínimo que marca realmente la diferencia?

La investigación sobre la formación de hábitos y el TDAH sugiere de manera consistente que los hábitos ancla, prácticas pequeñas adjuntas a rutinas existentes, son más duraderos que las prácticas independientes. La pregunta no es cómo sería tu filosofía diaria ideal. Es cómo sería tu mínimo sostenible, adjunto a cosas que ya haces.

Un mínimo realista

Por la mañana: una pregunta, treinta segundos. ¿Cuál es la única cosa que podría ser difícil hoy, y qué calidad quiero traer a ella? Por la noche: una pregunta, sesenta segundos. ¿Dónde volví a mí mismo hoy, aunque fuera una sola vez? Cuando lo necesites: una herramienta del capítulo que aplique a lo que está ocurriendo ahora mismo.

Esa es la práctica completa. Dos minutos en total, anclados a la rutina existente, con un conjunto de herramientas disponible para los momentos más difíciles.

Si haces eso de manera consistente, tendrás una práctica estoica. No se parecerá a la práctica de Marco Aurelio. Se parecerá a la tuya. Que es la única práctica que va a durar.

Qué cambia y qué no

Seamos honestos sobre lo que este libro puede y no puede hacer.

No puede cambiar tu neurología. El TDAH es real, es neurológico, y seguirá dando forma a cómo funciona tu cerebro independientemente de cuánta filosofía leas o practiques.

Lo que sí puede cambiar es tu relación con esa neurología. La historia que te cuentas sobre ella. La cantidad de energía que gastas luchando contra ella frente a trabajando con ella. La calidad de la conversación interna que tienes cuando las cosas salen mal. La velocidad con que vuelves después de una deriva. La precisión con que entiendes tus propios patrones. La honestidad con que apareces en tus relaciones y tu trabajo.

Esos cambios no son pequeños. Se componen. Una narrativa interior ligeramente más precisa, practicada a diario, produce una vida significativamente diferente a lo largo de los años. No porque el TDAH desaparezca. Sino porque dejas de gastar la mayor parte de tu energía en una lucha que nunca ibas a ganar, y empiezas a gastarla en una vida que realmente puedes construir.

La práctica es el regreso

Cada capítulo de este libro ha tratado de alguna versión del mismo movimiento.

Te derivas. Te das cuenta. Vuelves.

Tu atención se desvía y la traes de vuelta. Tus emociones se disparan y creas una pausa. Tus impulsos te arrastran a algún sitio y preguntas qué están diciendo en realidad. Tu crítico interno arranca y compruebas si te está diciendo algo útil. Tu tiempo se disuelve y te reconectas a lo que importa. Tus obligaciones se acumulan y clasificas las reales de las prestadas. Tus relaciones se resienten y las reparas honestamente.

Cada uno de esos es un regreso. Y el regreso no es un fracaso por haberse desviado. Es la práctica. Es, literalmente, lo que estás entrenando.

Marco Aurelio volvió a los mismos recordatorios durante décadas. Epicteto enseñó las mismas ideas toda su vida adulta, a alumnos que necesitaban escucharlas de nuevo. Séneca escribió carta tras carta cubriendo el mismo terreno, porque vivir una filosofía requiere más repetición que entenderla.

Te desviarás de esto. Está garantizado. Habrá semanas en que ninguna práctica ocurra y el crítico interno corra sin control y los impulsos ganen y las relaciones sufran y la culpa se acumule de nuevo.

Y luego volverás. Porque el regreso está disponible en cualquier momento. No requiere haber mantenido una racha sin interrupciones. No requiere estar en un estado particular. Solo requiere notar, y elegir, una vez más.

Esa es la práctica completa. Siempre ha sido la práctica completa.

Una última palabra sobre ser este tipo de persona

Tienes un cerebro que funciona de manera diferente a la mayoría de los cerebros que te rodean. Esa diferencia te ha costado cosas. Cosas reales. Tiempo, oportunidades, relaciones, energía y años cargando una historia sobre ti mismo construida sobre información equivocada.

También te ha dado cosas. No como compensación. No como el rayo de luz que hace aceptable la dificultad. Solo como parte del cuadro completo de lo que es ser tú.

Los estoicos no creían en personas idealizadas. Creían en personas reales, trabajando honestamente con lo que tenían, intentando hacer lo que era genuinamente correcto, fallando a veces, volviendo siempre.

Eres exactamente el tipo de persona para la que se construyó esta filosofía. No porque el TDAH te haga especial. Sino porque eres un ser humano trabajando con la mente que realmente tienes, en la vida que realmente tienes, intentando hacerlo con alguna honestidad y alguna gracia.

Eso es todo lo que hacían los estoicos.

Eso es todo lo que es esto.

TU PRÁCTICA
Ejercicios estoicos de 2 minutos

Práctica 20.1: Tu página (2 minutos)

De todo lo que hay en este libro, escribe:

- La única idea que cambió algo en cómo entiendes tu cerebro.
- La única práctica que vas a seguir haciendo de verdad.
- La única frase que mejor describe cómo quieres que sea tu relación con tu propia mente.

Una página. O menos. Esta es tu filosofía personal, reducida a su mínimo. Guárdala en algún sitio visible. No para seguirla perfectamente. Para volver a ella cuando te desvíes.

Práctica 20.2: El hábito ancla (establécelo una vez)

Elige tus dos momentos ancla: mañana y noche. Adjunta una pregunta estoica a cada uno.

Mañana: ¿cuál es la única cosa que podría ser difícil hoy, y qué calidad quiero traer a ella?

Noche: ¿dónde volví a mí mismo hoy, aunque fuera una sola vez?

Decide exactamente cuándo harás cada una. No una intención general. Un momento específico. Mientras el café se hace. Mientras te lavas los dientes. En el primer minuto después de meterte en la cama.

Momento específico más pregunta específica igual a una práctica que puede sobrevivir a un cerebro con TDAH. Intención vaga más aspiración general igual a una práctica que no.

Práctica 20.3: La promesa del regreso (una vez, para ti)

Escribe esto, con tus propias palabras, y dilo en serio:

> **La promesa**
>
> Cuando me desvíe de esto, que lo haré, volveré. No perfectamente. No inmediatamente. Pero volveré. El desvío no es el fracaso. No volver lo sería. Y ya he demostrado que soy alguien que vuelve.

Lo has demostrado. Leíste este libro. Volviste a él a través de los capítulos, a través de los días, a través de los desvíos que ocurrieron entre sesiones. Eso es evidencia.

Los estoicos creían que la evidencia importaba más que la aspiración. Aquí está la tuya: seguiste volviendo.

Sigue haciéndolo.

EPÍLOGO

El cielo siempre estuvo ahí

Una última palabra para la mente que siguió leyendo

Lo conseguiste.

Eso puede sonar como algo pequeño. No lo es.

Si tienes TDAH, terminar un libro no es algo dado. Terminar un libro que te pide examinar tus propios patrones, sentarte con una historia difícil e intentar cosas nuevas mientras lees: eso requiere algo específico. No disciplina. Algo mejor que la disciplina.

Requiere importarte suficiente como para seguir volviendo.

Y lo hiciste.

Quiero decirte algo directamente, sin la estructura de capítulos ni prácticas ni recuadros.

Los años que pasaste sin saber por qué funcionabas de manera diferente no fueron un desperdicio. Sé que puede sentirse así. El diagnóstico que llegó tarde, los sistemas que fallaron, las relaciones que se tensaron, las oportunidades que pasaron mientras intentabas ser alguien que tu cerebro nunca estuvo construido para ser. Eso es una pérdida real y merece ser reconocida.

Pero esto también es verdad.

Navegaste cada uno de esos años sin el mapa. Construiste tus propios rodeos, tus propios ritmos, tus propias maneras de salir adelante. Algunos de ellos fueron brillantes. Algunos fueron agotadores. Todos fueron tuyos. Y el ingenio que los produjo no desapareció cuando llegó el diagnóstico. Quedó disponible para ti de manera más consciente.

Eso no es poca cosa. Es, de hecho, bastante.

> *"Tienes poder sobre tu mente, no sobre los acontecimientos externos. Date cuenta de ello y encontrarás fuerza."*
> **— Marco Aurelio, Meditaciones**

Marco Aurelio escribió esas palabras para sí mismo. No para la posteridad. Para el hombre en la tienda de campaña que luchaba por levantarse, que tenía que argumentarse a través del día, que seguía derivando y seguía volviendo durante veinte años en el trono del imperio más poderoso del mundo.

No era sereno. Era comprometido. Y hay una clase de fortaleza en el compromiso que la serenidad no alcanza, porque el compromiso no depende de cómo te sientes. Depende de lo que eliges, una y otra vez, en los pequeños momentos que suman una vida.

Tienes un cerebro que hace que algunos de esos momentos sean más difíciles de lo que son para la mayoría de las personas que te rodean. También tienes algo que es genuinamente poco frecuente: la capacidad de sentir las cosas con toda su intensidad, de hacer conexiones que el pensamiento lineal se pierde, de preocuparte por las cosas con una profundidad que a veces alarma a los demás y que a menudo resulta invaluable.

Los estoicos no te pedirían que silenciaras nada de eso. Te pedirían que trabajaras con ello honestamente. Que dejaras de pretender que no está ahí. Que dejaras de pedir disculpas por ello a personas que trabajaban con el mapa equivocado. Que empezaras a construir, de manera deliberada y sin vergüenza, una vida que se ajusta al cerebro que realmente tienes.

Esa vida es posible. No perfecta. No sin dificultad. No sin los desvíos y los regresos y el fracaso ocasional que requiere reparación honesta.

Pero posible. Genuinamente, específicamente, para-ti posible.

No vas atrasado. No estás roto. No es demasiado tarde.

Eres alguien con un tipo particular de mente, equipado ahora con un conjunto particular de herramientas, de pie al comienzo de una práctica que se verá diferente cada día y que mejorará, lentamente y luego de manera notable, con el tiempo.

Los estoicos creían que la vida examinada, vivida honestamente y con esfuerzo genuino hacia lo que es bueno, está disponible para toda persona independientemente de sus circunstancias. No fácilmente. No sin coste. Pero disponible.

Para ti. Ahora mismo. Tal como eres.

En el capítulo seis usamos una imagen: la mente como un cielo, y los pensamientos y las emociones como el tiempo que pasa. La tormenta llega. La tormenta pasa. El cielo estaba ahí antes y seguirá estando después.

Ese cielo es tuyo. Las tormentas seguirán llegando. Siempre lo hacen.

Pero ahora sabes lo que es el cielo. Y sabes cómo encontrarlo de nuevo.

Adelante.

www.ingramcontent.com/pod-product-compliance
Lightning Source LLC
LaVergne TN
LVHW022147071026
849580LV00015B/2284
* 9 7 8 9 1 8 9 8 7 6 7 0 5 *